U0023767

新世紀叢書

當 代 重 要 思 潮 · 人 文 心 靈 · 宗 教 · 社 會 文 化 關 懷

情緒療癒 21世紀的醫療挑戰

Conversations with
the Dalai Lama
on Mindfulness,
Emotions, and Health

SQ與EQ

EQ 作者 VS. 達賴喇嘛
生命科學與藏密智慧的對話

EQ 作者 Daniel Goleman
丹尼爾 · 高曼 / 主編　李孟浩 / 譯

〈序〉① 身心療癒

身是什麼？心是什麼？身心如何互動？情緒又是怎麼一回事？這些都是困擾人們的問題，也是影響生命品質的主要因素。古印度就有六十二種不同的見解，其他古文化如中國、埃及、希伯來、希臘、羅馬也是眾說紛云，不過卻可以約簡為唯心論、唯物論、心物合一論、多元論、偶然論五種。至於何者為真，仍然各是其是，爭議不斷。

古人討論生命問題時，原是身心合併起來討論的。不幸的是，自從物質科學發達以來，心就被抽離了身，心靈的探討被貶抑為神秘學，甚至是怪力亂神的迷信，而物質科學則凌駕一切，偏鋒發展的結果，衍變成今日世界的種種亂象，舉凡資本主義、生態失衡、環境破壞、核武競賽、愛滋病等噬人問題，無一不是人們忽視心靈層面的惡果。

就以人體健康而言，古代醫者在治療肉身疾病時，必然以安心為要務。英文中的disease（疾病）一字，由 dis（不）和 ease（安心）所組成，心安是 ease，心不安是 dis-ease，身

慧炬出版社社長

體就會disease（生病）了。可惜，西方醫學在病原論的主導下，醫學偏重肉體的治療，藐視心靈的功能，人淪為機器，人一生病看醫生，就好像機器故障，進廠維修。醫院變成資本家的生產或維修工廠，醫生變成工程師，護士變成作業員，病人變成機器，身體器官變成零件，人身尊嚴蕩然掃地，hospital（醫院）再也不是hospitality（殷懃、好客）的地方了。

社會越物化，人類情緒問題就越複雜，人生就越痛苦。圓滿幸福的生命，有賴於身心的平衡，身心平衡之道首在身心運作情形的了解，如此才能扭轉乾坤，從根本解決問題。

佛法是治療身心疾病的法門，是修行人親身體驗的身心轉化過程，今人不察，把它當作一套知識系統來研究，甚至當作宗教偶像來崇拜，都是違背釋尊本懷。如何能讓它落實於人生，為現代人所接受，進而助益芸芸眾生，就必須與現代科學相結合，兩者相輔相成，彼此啟發，則佛法不墜入迷信，現代科學又能獲得靈性指導，身心取得平衡，才是幸福美滿的人生。

西方頂尖的醫師、心理學家、精神治療學家、神經免疫學家、生化學家、遺傳學家等專家學者，有感於物質研究所面臨的瓶頸，亟須佛法精神文明的突破，自從一九八七年以來，每隔兩年便與達賴喇嘛做一次為期七天的對談，成果非常豐碩。本書便是以「情緒療癒」為主題的第三次對談紀錄，從西方的倫理學、生物學、醫學、神學，談到佛法的心識作用與情緒治療，東、西方的身心科學做了一次坦白而充分的溝通，足為現代人自我觀照的最佳指導。

譯筆流暢，信達雅兼具，是值得閱讀的好書。

一九九八年六月十六日　敬識於慧炬

〈序〉②

二十一世紀新的醫療挑戰

台大精神科教授 李明濱

值此二十世紀末期，科技之蓬勃發展，物質生活也倍受強調，人性關懷倍受重視，特別是在醫學領域之內，所謂「全人醫學」(holistic medicine)的理念也已受臨床醫學家及醫學教育者的普遍重視，身、心、靈三面兼顧的生理心理社會倫理醫療模式也形成科技發達的警示模式。許多慢性病特別是意外傷亡與自殺自一九九八年起已躍入本國十大死因之列，這些慢性病的醫療往往與情緒因素息息相關；眾所皆知，焦慮、憂鬱與憤怒已是現代社會的寫照。

本書嘗試透過宗教家，及各科系之科學家的對談互動與印證，闡明情緒及其相關因素與健康的重要關係；綜合而言，情緒因素是疾病發生的重要貢獻因子，但絕非充分條件或必要條件。也就是在其他的因素如遺傳、生理、環境等因素為基礎之下，情緒因素扮演了催化因素。因此對於與壓力相關的性格因素如焦慮、神經質、強迫性、不善情感表達等性格因素並不一定都會造成生理疾病，不過能擁有理性及成熟的性格與因應策略，不論對心理或生理健康而言都是必要的。

透過心身醫學的研究與發展，心理社會因素與健康及疾病的相互關係已得到證實。動物實驗早就證實環境或生理壓力可以改變動物的神經生理、神經內分泌、甚至免疫功能；而就臨床醫療觀察，更常發現心理因素對於疾病的誘發、或病程的惡化扮演了某種重要的角色。然而就人而言，在科學研究或實驗設計上，尚無法整體性及系統性地完全證實其相關作用機轉；因由壓力、情緒至疾病之間的作用途徑與機轉牽涉相當複雜，舉凡個人針對壓力的感受、認知解釋、個人的體質、因應策略、社會支持系統、生理反應等等都牽涉在內。當然部份動物研究資料已支持心理、壓力與生理變化間的媒介機轉主要是經由下視丘的作用。

就個人過去近二十年的臨床經驗而言，深深覺得精神病患與身體疾病的治療與癒後深受情緒影響，其中最常見但也是較具難度的是**如何健康地處理憤怒或敵意，我認為這將是二十一世紀醫療人員及人類健康的一大挑戰**。就心理層面而言，極度的憤怒與自卑、挫折密切相關；而憤怒亦有其生理與遺傳基礎。憤怒的表達亦深受教養、環境等學習因素而影響；臨床上對於極端的憤怒表達方式，應視同一項症狀、一個問題來加以診斷分析，才有辦法對症下藥。不當的憤怒壓抑會造成心身疾病，而過度的敵意表現也可能危害健康，甚或造成社會問題。

相信讀者看完本書，除了更能深刻體會心理、倫理與健康的關係外，對於負面情緒如憤怒、自卑的形成、表達，必能深入瞭解；甚而由宗教家的修行體驗與理念，得到啟示而能學到更適當的表達方式。本人有機會先過目此一精湛譯本，深感榮幸。亦期望社會人士及醫療人員在人際互動及臨床診療的體驗中，能正視情緒的表達與處理。如此對自己、兒女、家人及病患的身心照顧必大有裨益。

情緒的調控對疾病的發生、診治與健康的促進扮演某些重要的角色。情緒的處理方式因人而異，不當的情緒反應首重其鑑別診斷及根本原因之分析；宗教情操的涵養與修行，對常人而言，有助於個人價值觀的認知、道德的正面修行及行為的規範，同時間接地透過宗教儀式活動而獲得情緒與社會的支持。但讀者不應忽略不當或過度的情緒很可能是精神症狀或身體疾病的表徵之一，因此面對此種情境仍應尋求合宜的治療以求早期診斷、早期治療，方可避免無謂的心理社會或生理併發症，不應「以偏概全」、「捨本逐末」只關注於情緒之調適面。切記宗教、心理、社會或行為相關之處理只是整體治療的部份，若能抱持此一正確的態度閱讀本書，則對健康促進與人際和諧必大有助益。

（作者為台大醫學院暨附設醫院精神科教授兼主任，並擔任醫學院共同教育室主任）

〈譯序〉

SQ和EQ

李孟浩

自從EQ風潮席捲全台後，就有不少宗教界的人士力倡「靈性智商」(Spiritual Quotient，簡稱SQ)之說，並標榜SQ不僅包含情緒管理的技巧，也包括生命的終極意義。也就是說，**IQ是做事，EQ是做人，那麼SQ就是寓修行於做人做事之中**。問題是說，如果SQ是這麼完美的話，為什麼情況會是EQ當紅，SQ吃憋呢？可見，這些人士忽略了一個EQ與SQ的本質差異：**東方的SQ與道德智商**(Moral Quotient，簡稱MQ)**密不可分**，習慣用道德條目來壓抑本能欲望；**西方的EQ則是與生命科學密不可分**，嘗試用心理觀察來調節情緒衝突。因此，EQ的受歡迎度才會遠勝SQ。不過，道德意志和心理觀察也不是必然衝突的，它們還是有整合的可能性。西方最近就有一股趨勢是以南傳佛教的正念技巧加上藏密的慈悲觀想來作為SQ的溝通代表，EQ的溝通代表則是心理治療的情緒釋放技巧和精神神經免疫學的實驗成果。

既然兩者有交集的地方就在情緒的調節，那麼**宗教界的SQ和心理學界的EQ如何交流和溝通彼此的見解**，就變成一個很重要的課題。雖然很多新時代(New Age)的書也在標榜自己是SQ和EQ的融合，但我比較在乎正統宗教界和心理治療界的溝通，所以我就很想找一本兩者對話的書來翻譯。可是，東方宗教界的領袖幾乎沒有接觸過西方心理學界的專家，只有達賴喇嘛因為流亡國外的緣故，才有跟心理學家聊過天（參見立緒文化公司的《慈悲》一書）。所幸，《EQ》作者高曼負責籌畫達賴喇嘛所交辦的第三屆心性與生命會議，他就把討論主題定在SQ和EQ對身心健康的影響，我們才有機會在本書中得見SQ和EQ的交鋒過程。不過，由於是各家高手交鋒，本書的架構很大，討論範圍太廣，所以我想做一些補充說明，以利讀者更能掌握本書的主旨。

SQ和EQ相互交流所會碰的第一個問題就是：現代的倫理學是否能以宗教的慈悲理念來做基礎？還是說，它要以科學的情緒狀態研究為基礎？因此，本書的第一部就在談現代倫理學的成立基礎，李義雷首先指出宗教這套理想主義的說詞已經失去教化人心的效果，就算是你推出慈悲外加智慧的強力組合也沒用，因為現代人只要享受個體權利的保障，根本就懶得過一種倫理的生活。對於李義雷這種悲觀的想法，高曼指出也許可以靠指出正面情緒有身體療效的生物學證據，使人們為了維護身心健康，而自動乖乖過倫理的生活。

不過，有很多學者認為高曼這種主張不夠謹慎，因為這種正面情緒和生理健康關聯性的測量標準不夠精細。因此，本書的第二部「生物學的基礎」可以說是在仔細研究高曼所提的生物學證據的可行性，並且探討這種身心醫學的資料真能替倫理學帶來光明嗎？西方身心醫學的學理代表可說是精神神經免疫學，專門在研究心理狀態、神經系統和免疫系統之間相互回應的調節關係，以究明身心合一的關聯。因此，第二部的三個章節就分別在說明科學界對於心性狀態、神經系統和免疫系統的最新研究成果。瓦瑞拉主要在說明免疫系統的結構和功能跟神經系統不相上下，等於就是「第二個腦部」一樣，也可以說是身體的自我。沙隆則是在報告腦神經網路調節情緒反應的過程，所以這一章內容跟《EQ》很有關聯。布朗則是從廣義的行為醫學角度，來說明壓力和創傷事件殘害身心的過程，並指出心性狀態有增進健康和治療疾病的效果。

談到心性狀態的療癒作用，當然就要想到東方的修行技巧。因此，本書的第三部「修行技巧與醫藥」就在研究哪些修行技巧能夠適用於醫學領域？卡巴金和布朗這兩位醫師均已修禪多年，深知禪修調養身心的效益。布朗對禪修體系的內部完整性比較有興趣，因此他和安格勒（Jack Engel）在一九七八年就針對緬甸佛教馬哈希大師的禪修傳承，進行過一項「內觀禪次第之有效性」的研究計畫。而布朗在此則是說明行為醫學各種鬆弛身心的技巧，並沒有發揮他的禪學素養，實在是很可惜的事。卡巴金則是很想把南傳佛教的正念技巧轉化為西方治療身心症的藥方，他最早是和波莉森科（Joan Borysenko）合組身心互動診所，然後自己又在麻大醫學中心創設減輕壓力診所。值得讀者注意的是國內佛教的居士團體也翻譯出佛使比丘和阿姜查的系列著作，因而掀起南傳佛教的正念熱潮！

前面三部分別處理過倫理學、心理學和生物學的關係後，本書的第四部「情緒和文化」

繼續探討倫理學和心理學的文化背景問題。李義雷負責處倫理學的文化背景，於是就探討基督教和佛教對美德的認定有何不同。然後，所有與會成員再一起探討心理學的文化背景，討論焦點則是鎖定在低自尊問題的文化根源。

本書的第五部「覺識的本性」就開始研究東方心性之學的SQ，想要搞清楚心性這種微細的意識能量到底是什麼？所以，他們先進行心性、腦部和身體的三邊對話，以確定內在覺性到底是腦部的附加產物（科學界的觀點），還是獨立於腦部之外的靈性存在？然後，才探討死後經驗和禪修境界的心性活動對於西方神經科學的典範會造成何種衝激？

最後，本書的第六部「醫學和慈悲」則是因為高曼和卡巴金很想為西方的醫學教育奠定慈悲的基礎，因而請益達賴喇嘛如何能夠落實這一點。

總之，本書指出慈悲心的復活不僅要靠精神神經免疫學的研究成果，也要靠心理治療的情緒辨識技巧來揭露心理衝突的內在根源。因為，唯有你醫治好自我的心理創傷，才能有足夠的自我效能來練好禪修的正念技巧，以達到身心鬆弛和心性了悟的境界（參見立緒文化公司《擁抱憂傷》一書）。

此外，我想說明的是本書不把mind譯為心智，而譯為心性的理由。理由之一是鄭振煌先生提醒：心智一詞不足以反映出佛教對心靈的特殊理解。理由之二則是本書的生命科學研究專家原本就不想把mind限定為大腦意識的理智功能，而想往東方心性的療癒功能這個方向探索。因此我就把mind譯為心性，以便能兼顧「心識的分別作用」和「內在覺性的身心調養能量」這兩個意涵。

情緒療癒

【目錄】全書總頁數336頁

作者簡介：

法蘭西斯科・瓦瑞拉博士（Francisco Varela, Ph. D.,）

巴黎國家科學研究中心研究主任。發表過很多論文，也寫了十一本書，其中包含了《形體化的心靈》（*Embodied Mind*）一書。

克里夫・沙朗博士（Clifford Saron,Ph. D.,）

紐約市艾伯特・愛因斯坦醫學院的心理學家。

里察・戴衛森博士（Richard Davidson,Ph. D.,）

威斯康辛大學情感神經科學的實驗室主任。

丹尼爾・布朗博士（Daniel Brown,Ph. D.,）

哈佛醫學院的臨床心理學助理教授。共寫了八本書，研究禪修傳統有二十五年之久。

李義雷博士（Lee Yearley,Ph. D.,）

史丹福大學的宗教學教授。他是《孟子和阿奎那：勇氣的理論和概念》（*Mencius and Aquinas: Theories and Conceptions of Courage*）一書的作者。

丹尼爾・高曼博士（Daniel Goleman,Ph. D.,）

〈紐約時報〉的科學專欄作家，以及《EQ》一書的作者。

莎朗・沙茲堡（Sharon Salzberg）

麻州巴瑞郡內觀禪修社（Insight Meditation Society）的教師。她是《慈愛：幸福的革命藝術》（*Lovingkindness: The Revolution Art of Happiness*）一書的作者。

喬・卡巴金博士（Jon Kabat-Zinn, Ph. D.,）

麻大醫學中心減輕壓力和鬆弛課程計畫的指導員。他是《隨處自在》（*Wherever You Go, There You Are*）一書的作者。

英／藏語翻譯員：

亞倫・華勒斯（Alan Wallace）

史丹福大學宗教研究所博士，研究藏傳佛教已有二十餘年。

圖典・金巴（Thubten Jinpa）

獲得黃教格西學位的喇嘛，並拿到國王學院的哲學學位，長期擔任達賴喇嘛的私人翻譯。

〈導論〉

古老智慧與生命科學的交流

心性有治療身體的能力嗎？腦部、免疫系統和情緒又是如何相互連結呢？哪一種情緒能促進身體健康呢？倫理學是否有生物學的基礎呢？死亡如何能幫助我們瞭解心性的本質呢？在一九九一年的夏季，十位西方各科系的學者，啟程前往印度的達蘭薩拉（Dharamsala）會見達賴喇嘛，他們在達賴的私人會客室中一起埋頭會商第三次「心性與生命會議」的討論主題。本書也概略收錄了他們在此次會議中的演講和對談內容。

這些心理學、生理學、行為醫學和哲學領域的專家分別陳述了他們研究領域中的重大發現，並與達賴喇嘛和一干傑出禪修師匠一起討論這些發現之間有何連結。他們分享彼此的知識成果，不僅是為了增進彼此的瞭解，也是想查清楚情緒體驗和健康之間的關係。

西方的生理學家、生物學家和心理學家只有在近二十年來，才摸清楚情緒狀態和身心健康的相互影響關係。可是，佛教思想家早在兩千年前就領悟到心性擁有強大的治療能力。這次會議能夠請到西藏佛教的最高領袖出席，等於是促成了東西思想的交流和整合。而達賴喇嘛正好可作為這些西方科學研究成果的試金石。

古老智慧與現代科學的交流

達賴喇嘛在一九五九年帶領他的子民逃離中共的魔掌後，從此就定居在印度。他向來都在倡導人類的衝突要用和平和慈悲的方式來解決，這點普受世人推崇，因此他在一九八九年就獲頒諾貝爾和平獎。他有個比較不為人知的興趣就是科學；他曾經說過如果今天不是身披僧袍的話，他實在很想去當一個工程師。所以，他在拉薩那段年少的歲月裡，就常被請去大雄寶殿那兒修理壞掉的機器，不管是車子或鐘錶，他都很在行。

達賴喇嘛從一九八七年十月就開始定期與一批挑選過的科學家，討論心智科學和生命科學（生物學、認知科學、神經科學、心理學和心靈哲學）可以與宗教建立何種溝通橋樑與介面，這些學門比起物理科學來說，跟佛教傳統有著更緊密的關聯。我們可以從出席科學家的細心挑選、會議的籌辦過程、他們的私人本性、投注在翻譯品質上的心力和達賴喇嘛的全程參與，看出東西兩方所秉持的善意和互敬互諒的精神。我們也希望讀者能從收錄這些對話內容的系列書籍中，**感受到靈修路途的古老智慧與現代科學的狀態控制藝術**

（state-of-the-art science，譯按：這個新詞是指西方的生命科學和行為醫學合作，共同研究控制情緒狀態和生理狀態的藝術。）**正在進行一場前所未有的交流**。

心性與生命的記錄足跡

這些對談系列大概是從一九八五年陸續舉辦，籌辦人是由美國律師和企業家亞當・英格（Adam Engle）和巴黎神經生物學家法藍西斯科・瓦瑞拉（Francisco Varela）兩人擔任，而且瓦瑞拉深知科學和佛教進行嚴肅對談的重要性。第一屆「心性與生命會議」是在印度的達蘭薩拉舉行，為期七天，會議主題是神經科學和認知科學，會談內容後來結集為《善意的橋樑：與達賴喇嘛對談心智科學》（波士頓：香巴拉出版社，一九九三）。後來，我們又舉辦了四次類似這樣的會議，每一次都在互敬互諒的氣氛中，請達賴喇嘛與不同組別的科學家共聊生命情事。他們討論的主題除了情緒和健康（內容收錄在本書之中），還有睡眠和作夢，收錄在《睡眠、夢與死亡》（波士頓：智慧出版社，一九九七）；最近一次一九九六年的會議則是討論利他主義、倫理學和慈悲（有關歷屆心性與生命會議的詳細說明，敬請參照本書附錄）。

會議期間，每天一早就是由各專家輪流講述一個科學主題，例如情緒的神經生物學，然後就是由法王跟與會學者一起對談和辯論。達賴喇嘛在會中也展現出他敏銳的科學心智，以及一些可延伸科學邊界之深度和廣度的見解。譬如說，他在這次對談中就提到意識的細微層次不需要依靠腦部功能而存在，意識的粗糙層次才需要跟腦部活動直接相連，可是西方科學還不了解這一點。

所以，達賴喇嘛本身乾脆就帶頭行動，以打開佛教和現代科學的對話管道，這個示範正足以顯示出他的開放心態和大膽研究精神。達賴喇嘛也看出西藏佛教未來要在西方生存的話，關鍵就在於它不會與西方科學家的研究結果大相違背或大肆衝突；他也說過科學方法若能證實某些佛法內容是不正確的話，那麼佛教也要從善如流地更正錯誤的地方。

另一方面，西方科學也在這次對談中獲得很多東方智慧的教益，比如說西藏的心靈探討就產生了一套精細的心智現象學，可以提供給現代科學家很多值得參考的意見。本次心性與生命會議的對話就催生出一項後續的研究計畫：對資深瑜珈行者腦部狀態的神經生理學研究，以深入了解注意力訓練（attentional training）的潛能。

佛教和科學對談：情緒和健康

佛教原則上是把目標訂在轉化個人的知覺和經驗型態，以及身心的統合。從佛教的教義來說，調柔身心和轉化個人體驗是一個漸進的過程。這條長路是建立在禪修練習和道德行為之上，而道德行為又是建立在你對萬有生命相互緣生的覺察力和慈悲。

藏密思想家因為長期關懷精神生理性的健康(psychophysical health，譯按：精神生理性一詞是指壓力和負面情緒等心理因素，會造成自律神經失調等身體障礙)，所以早在十一世紀時就已經擬定出很多種醫療方案。西藏醫學傳統的建立大概是在九世紀時，有位遍照護喇嘛（Lama Vairochana，譯按：遍照護受到蓮花生大士〔Padmasambhava〕和寂護大師〔Shantarakshita〕的培養，成為西藏第一位大譯師，他把印度醫學原典的譯作，交給西藏醫聖宇妥•元丹貢布〔Yuthog Yontan Gonpo〕）把四部梵文的醫典譯為藏文，然後師徒相傳，直到今日。從此傳統來看，疾病是由憤怒或貪婪等情緒衝突在身體中所造成的精神生理性失調。因此，佛教思想家在這幾世紀以來所提出的一些議題，也受到此次與會科學家的注目和考量。

我們的第一場演講是由李義雷主持，他先向大家解說西方的倫理學系統後，才探討倫理學不靠宗教而能成立的基礎何在。達賴喇嘛也認為我們的確有必要建立這套倫理學體系，因為地球上有數以億計的無堅定宗教信念的人。第二場則是由丹尼爾•高曼主持，他主要在講身體的運作過程值得這套倫理學來參考，因為它能說明何種心理狀態有益身體健康，何種心理狀態容易使身體生病。他也向大家評介了一些建議說悲痛情緒傷身、正面心境保身的研究結果。

第二部的生物學基礎則在評介一些跟情緒和健康有關的重要實驗。這一部開始是由法藍西斯科•瓦瑞拉討論免疫系統和其認知意涵。免疫學界透過這些實驗，領悟到免疫系統幾乎就是「第二個腦部（second brain）」之後，就開始全力探索精神神經免疫學這個新領域，以了解專一化細胞（specialized cells）的神經網絡如何使身體形成彈性的身分感（flexible identity）。而且，身體的身分感與支撐認知生命的神經網路之間，存有一種非常特殊的連結。

在瓦瑞拉的演講和對談後，接下來是克里夫・沙朗討論腦部如何管理情緒。他和里察・戴維森共同闡述了腦電活動與面部表情和其他心境評量單位的關連性。

丹尼爾・布朗關於壓力如何影響身體的一番討論，也等於說明了情緒影響健康的生物學條件。布朗也觸發了後創傷壓力疾患（posttraumatic stress disorder）和如何治療的爭議；達賴喇嘛指出在那些慘遭中共嚴刑拷打的西藏人心中，宗教信仰能幫他們找出苦難的意義，因此信仰多少可預防他們得到後創傷壓力症候群。

現代人調控身心的藝術

正念是佛教禪修的古典練習方式，它要你去細察每一瞬間的體驗。莎朗・沙茲堡為了把正念應用在身心保健上面，就把它的一些基本事項解釋清楚。喬・卡巴金也指出患者可以運用正念禪來發展出不易被情緒潮流捲走的覺察力，並同時能得到緩解症狀和促進治療的良好成效。這是因為在整個醫療光譜中，也承認好情緒的培養有助於病情的好轉。

行為醫學會使用心理技巧來預防或治療慢性病。布朗指出許多臨床症狀都是精神生理系統受到壓力而失調的後果。行為醫學的技巧可以說是一種調控身心狀態的藝術，故能幫助病人重新控制生物系統的致病因素。這種新的治療取向既有現代的生物回饋法，又有古代的禪修方法。

在西方來說，**心理學家早已把自我的病理學（尤其是低自尊）認定為一種在現代人中到處蔓延的病症**。然而，低自尊這種概念對達賴喇嘛來說卻很陌生，在東方文化中，「自我」是一個與西方截然不同的概念建構，因此自我問題就帶有自己文化背景的獨特性。於是，我們在對談中就想要探討出自尊的根源何在。

現代科學和佛教之間的膠著點就是腦部與心性的關係。西方科學把心性看成是依存於腦部意識的浮現特質（emergent property），但西藏佛學卻設定了一種不須依恃腦部的微細意識秩序。西方科學敗在認不出來一種無法化約為腦部功能的心理過程，不過這是否也表示獨立於腦部之外的意識並不存在呢？達賴喇嘛就抗議說，西方人對於極為細微的意識層次都不熟悉，東方的資深修行人卻可用來進行清明的作夢（lucid dreaming）和有意識的往生。如果這些修行成果能被科學證實的話，這種了悟就會從根本上改變西方神經科學的典範。

最後，大家在談論世人是否需要慈悲和一套適用於無特定宗教信仰之億萬人口的倫理體系。所以，對話的最後焦點也集中在科學對心性、腦部和健康之間連結關係的新領悟，是否能在將來作為倫理生活的指導方針，以維護世界偉大宗教的價值。

8

情緒療癒

〈第一部〉

倫理學

ETHICS

1 德行的思考

個體主義・完美主義・理性主義

引言人：李義雷（Lee Yearley）

李義雷提出一些哲學和倫理學的線索，供大家進行嚴密的交叉考量。他先大略介紹西方的三種哲學傳統——個體主義（individualism）、完美主義（perfection-ism）和理性主義（rationalism）。個體主義主張說，凡能滿足特定個人欲求的事物就是正當的事物（what is right）。理性主義則提議說，一個行為要合乎倫理規範，就必須在所有的情況判斷中，都是邏輯上必然要如此行為，方能成立。完美主義則是拿一個設定好的理想標準，來評比個人行為的優劣程度：如果行為愈加符合理想的人格境界，它的倫理等級就愈高。

一般來說，倫理學與「正當和善是什麼」的問題有關，這個問題即為一種德性的問題。可是，每個人對德性的哲學觀點又有所不同。所以說，某個哲學體系所認可的德性，常常遭到另一體系的否認。李義雷博士就質疑說：慈悲這種特殊德性是否能作為倫理體系的基礎？他並且強調說：西方的哲學思想不僅放棄把慈

悲當成倫理體系的基礎，也連帶拒絕宗教的干預。西方這些哲學體系間的矛盾和衝突，我們會在對談中一一指出來。李義雷博士並提議說，要建構一個普遍性的倫理體系，最佳的憑藉就是受到理性主義影響的完美主義。達賴喇嘛的回應則是提出一個挑戰性的課題，希望大家能找出一個適用於無堅定宗教信仰者的道德原則，而且這個原則成立後的適用率要達到五分之三或五分之四。

李義雷：

西方倫理學在過去發展出三種主要觀點（註一）。個體主義主張把倫理學用來理解和實現你的個人欲求。完美主義則是要依照那完美的人格理念，來判定你個人的欲求是好是壞。這些人格理念通常是指人性所能實現的最高理想境界。最後，理性主義認為每個人都能運用理性來思考抽象的共相（abstract universals），因此只有用理性來當倫理指導綱領，才夠穩當。

近距離觀察：個體主義、完美主義和理性主義

個體主義覺得個人欲求的東西是善是惡這種問題實在太過抽象，不需過問。它只考慮到個人遂其所欲是很爽的事。所以，問題不在於我是否應該買一部新的勞斯萊斯，而在於

我是否買得起這部車，並且假還照休，錢也照給治療師。在這個圖像中，理性並不重要，只具估算（calculate）的功能而已。事實上，如果我能得到一切我想要的東西，我就根本沒必要去估算了嘛。我既沒這個命，就要乖乖估算我如何能得到大多數我想要的東西，或者是得到我最想要的東西。舉例來說，我想要勞斯萊斯，就願意放棄假期和治療師。如果我要假期和治療師，就只好放棄車子。個人的欲望可說是最基本的東西，理性的功能只是幫我提升處理事情的效率。

奉行個體主義的人也知道他們很需要警察保護這一類的社會服務。但是，他們只想做那些能滿足個人欲求的社會事務，並會估算其利弊得失，算到最後甚至不願去幫助窮人。在西方來說，個體主義的觀點從古希臘時期就一直流傳到現在，所以有很多老美認為它才是倫理學的正常思考方式。

完美主義的觀點則是在西方的宗教傳統中，得到最強烈的彰顯。完美主義者假定說，人類的欲望是善是惡，是美德是惡習，都有一個可資判別的基礎。他們會先設定一些標準，比如說自私是惡，慈悲是善，然後再拿那些標準來判定自己和別人。所以，完美主義者不是從個人欲求開始，而是往完人的理想境界邁進，並模仿其行為舉止。也因此，他們不會問那種我是否買得起勞斯萊斯的問題，而是問說我是要把錢用來濟貧，還是拿去自我進修，像是學坐禪。

完人通常是用來呈現宗教信條的行為標準。比如說，耶穌為了拯救世人，願意自我犧牲。因此，完美主義者不接受人類實際現況的指引，而要由人類能夠實現的最完美狀態來指導。在這種圖像中，理性就不是用來估算利弊，而是幫人去認同和實踐那完美的行為標準。於是，理性就必須處理一個很重大的問題：這世上是否只有一種完美的人性狀態而已？舉例來說，某人雖然是位偉大的藝術家，但卻不太願意為他人而犧牲小我，那他能算是一個正確的理想形象嗎？西方至今已經爆發出不少圍繞著這個議題的論戰，但是大多數的傳統還是宣稱說這世上只存在一種完美狀態。

理性主義的觀點把倫理學限定在普遍規則能適用的實際情況之中，而且這種情況又是為數甚少。因此，理性的功能就是要說服人去承認普遍規則可以應用到任何情況。所以，理性重要的理由有兩個。首先，它只靠自身就能看出普遍規則的存在。其次，人只有在了解規則後，方知他們為何不該讓個人欲求來左右自己行為的道理。舉例來說，如果我只因為對方是個女人或其他宗教的成員，就不想理睬人家，理性就會反問自己說：假如我願意把我的欲求變成一條普遍的規則，那麼換作人家不甩我時，我願意接受這樣子的歧視待遇嗎？假定說我拒絕接受這個規則適用到我身上，那麼，我就知道自己不該那樣做，也就會否決掉那個欲求。根據理性主義的看法，只有理性可以發現那些能夠普遍適用於各情況的行為規則，也只有那些規則有權指導個人的倫理行為。

大多數的西方政府都認為應該用倫理規則來指導社會的成員，因此有必要採用某個理性主義的版本，以思考清楚基本人權和正當生活所需的最低條件。理性主義雖然時下很流行，可是它也出現了一些很嚴重的問題。舉例來說，這個傳統最有名氣的哲學家就是康德(Kant)，他曾經證明過一條我們絕不應該說謊的規則，因為溝通要有意義的前提就是大家要說真話，這是一個普遍的實在（universal reality）。可是，假設有人借你一把槍後，沒多久，他就很焦躁地跑回來跟你要槍，還說要去槍殺他姊妹，這時你要怎麼辦？康德會說你要把槍還他，因為你不該說謊。很多人就認為這種見解大有問題，才會教人做出那樣的決定。

我認為它還有一個更嚴重的問題，那就是理性只能夠發現少數幾條普遍規則而已，亦即它那套倫理學只能夠涵蓋人類生活的一小部份。這是因為理性雖然能凸顯出所有人不該謀殺或偷竊的重要性，可是在它講完這些一般規則後，其實大家還是全靠個人欲求來辦事。這表示說在現代的西方社會中，理性主義與個體主義確有結合的必要性。也就是說，許多人雖然遵守理性所界定的少數嚴格的普遍規則。可是，他們生活的其餘事項還是照個人欲求來做。因此，他們其實是只用理性來估算如何能最完整地滿足個人的欲求。

理性主義與個體主義的結合之所以重要，是因為很多西方人都拒絕接受完美主義所依靠的宗教觀念，就算接受了，他們也不認為我們能夠用特定的宗教觀念，來建立一個真正多元化的社會。因為，有些人的宗教觀念差異很大，有些人則是乾脆駁斥所有的宗教觀念。此外，在西方歷史中，奉行完美主義的人通常會採取恐怖手段來處置某些團體，這也使得很多人強烈質疑完美主義的觀念。舉例來說，基督徒就贊同奴隸制度和女性的劣勢角色。

最後，完美主義遭到拒絕的另一理由，就在於它把人類與自然界結合得太緊密。評論家就論證說，我們不能拿自然界物種的完美方式，來論及人性的完美。一棵漂亮的橡樹就是一顆橡樹種子達到完美無瑕的例子。可是，人類的完美境界有太多種類，以至於我們不能說其中一種就是人類「種子」達到完美無瑕的例子。因此，自然界的運作無法提供給人類完美境界一個合適的參考模型。

以慈悲為基礎，不足以支撐倫理體系

西方雖然有許多宗教傳統強調慈悲的重要性，很多現代的西方人也同意慈悲是重要的人格特徵，但是他們相信單以慈悲做基礎，不足以支撐整個倫理體系。這些慈悲的評論家指出基督宗教和其他宗教只光講慈悲的理想，對於社會種種的不公義卻是百般容忍。他們也認為這件事不是純屬巧合，反而是暴露出這種拿慈悲作為倫理基礎的理念內藏很多弊病。所以，他們也要證明說：這個社會除了慈悲的觀念外，更是需要權利（rights）的觀念，因為它們來自於理性主義那種要建立人人有良好待遇的社會情懷。

對於這些評論家來說，除了大善人之外，大家通常都是在某時或對某人才會有憐憫的念頭出現，因此慈悲行為就得依賴這種非常不穩定的憐憫感。也因此，我們才需要那種只有理性能制定的普遍命令（universal directives）。他們甚至於認為慈悲只能在個人對個人的層面上運作，如果我們要改正社會的基本不公正事項，就必須要有一般性的指導方針，這就不是慈悲能力所及的事。**慈悲能告訴我在街上碰到可憐人時該做些什麼，但它沒辦法教我確定那一類人是不是假裝出來的。**

關於這點，有篇批評文章指出，慈悲幾乎總是會導致父權主義（paternalism）的出現，或者它至少也會支持一種令人質疑的階層劃分，並贊同某團體全權照料另一團體的情況。這種情況等於是損傷受照料者的自由，把他們當成小孩一樣看待，並惡性打壓他們成為自由人的能力。所以，這些慈悲的評論家認為，人類的獨立自主是件很重要的事，即使他們的選擇很爛，也總是要尊重他們的自由選擇才行。

慈悲還有一點很令人存疑，那就是它通常都跟宗教的來世觀有關。評論家認為這種來世觀是捏造的，或者是欠缺具科學效力的證明。他們於是認為人類能夠老實承認自己所知不多，而不胡亂倡言宗教觀點，也是滿重要的一件事。否則這些宗教觀點只會教大家把當前的慘重生活當成是來世總體生命的一小部份，以便使大家漸漸能不掛懷眼前的實際苦惱。

生活的可貴在自由的抉擇

達賴喇嘛：

你剛才說的是怎樣從西方的觀點來瞭解倫理學。那我就在猜想說，有沒有可能完全不訴諸宗教原則，就可以建構出一個完善的倫理體系。因為，你既不承認上帝或其他神秘力量的存在，也不理會前世或業力的說法，那樣子單講今生今世能夠成功劃分出對錯善惡的分界線嗎？

李義雷：

西方大部分的現代倫理學就在嘗試做到這一點。理性主義的觀點也想取代宗教原則的地位，並且找出大家都可以接受的理由，來說明人為何不應該做出不道德行為，或者至少要避免犯下可怕的重大惡行。可是，理性主義的觀點還是會遺漏很多種行為的規定管理，於是就釀成了二十世紀後期的倫理學危機。理性主義是有很多的一般原則，可是好像都沒有涵蓋到很多重要的生活事項，像他們要如何治家、處置未成年小偷和處理憤怒情緒等事情都是嘛。

對於這一點，第一種回應是社會要依非宗教的原則來組織，後來這就成為西方倫理學的前提，因為世上有太多宗教，也有很多不信宗教的人。第二種回應比較具有挑戰性，那就是說人類最關鍵性的事就是做不做某事的自由抉擇。因此，人們從來都不該讓那些無法用科學檢證的宗教理念，來指導他們的生活。就算他們犯下可怕的錯誤，也只是人類自由所需要付出的代價。這個頌揚自由的圖像不乏一些最佳辯護人，他們認為說：如果缺乏宗教指導的生活代價，就是在浪費生命的話，我們只要安之若素就好了。所以說，許多站在這種辯護立場的人都有個最深層的信念，那就是人對任何事都只能略知一二而已。他們要證明最佳的生活形式就是承認你對善的生活所知甚少。

達賴喇嘛：

我想那不讓任何宗教涉入的道德原則是非常重要的嘗試。現場五個人當中，就只有一兩位是宗教徒，這是事實沒錯。所以，我們必須要嚴肅地關心其餘的多數人。而且，我有時候覺得接近那些沒信仰的人，反而是很容易的事。**在不同的意識型態中，慈悲有著不同的意涵**。所以，某個信仰的慈悲教誨未必能被不同信仰者接受。即使是無信仰者的心裡對於慈悲保持中立，你仍然要找出這些人所能接受的教誨方式。我在挪威就發現有一群人組織起來，為的就是要提昇人類的價值，特別是慈悲，而且沒有任何宗教的因素介入。

不管你是不是佛教徒，慈悲早已如是存在

莎朗・沙茲堡：

上座部佛教對於倫理學的研究取向，是想要分辨出製造苦惱者和止息苦惱者。我想這種分法比對錯善惡還要精確。我們給自己惹來苦惱時，也一定會給別人帶來苦惱。所以，這個人類發展的最高完美模型就是已經完全止息苦惱的人，不會再帶給他人苦惱。因此，以慈悲作為倫理體系的基礎就具有絕對的必要性。

而且，我們在用慈悲這個字眼時，也不會帶有那種健康人看病人的意味。也許這是因為我們自認在以前的每一世中，什麼事都經歷過了，就不會把幫助人家這件事看成是我們比他們好的證明。畢竟，我們也曾經歷過他們的情況。所以，慈悲是一種眾生平等的感覺，而不是優越者瞧劣勢者的感覺。此外，還有個說法支持慈悲的重要性，那就是動機是行為之最有力和最持久的部份。舉例來說，如果我們看到人家餓壞了，才給他們東西吃，那他

們明天還是照樣挨餓。因為業力的關係，行動背後的動機反而會比行動本身有更強大的長時段效應（註二）。

達賴喇嘛：

各種不同的宗教都強調慈悲的重要性。從佛教觀點來看，我相信慈悲是人性的重要側面，也是人類心智的一部份。這是人類的一個好品質。各種宗教都嘗試要提昇或強化這個人類的基本品質，但這不是由外塑的學習就可獲取，也不是宗教信仰的新發明。**不管你是不是佛教徒，慈悲早已如是存在**。既然這世上有這麼多種宗教，宗教的修行就沒必要與慈悲的修行完全等同。因此，要用一種不具宗教意涵的方式，來呈現或提昇友愛或慈悲，是很有可能的事。小李，你那個論點也是相當吸引人，慈悲確實是如你所說的一樣，不適合於單獨作為倫理學的基礎，因為如果每個人都只講利他主義的話，那就把倫理學限制得死死了。但是，慈悲若是與智慧和有效服務的方法結合，不就能變得完美無缺嗎？

喬・卡巴金：

法王，智慧與慈悲的互補關係是什麼樣子呢？

達賴喇嘛：

用莎朗的例子來說，只運用慈悲的話，也只能讓那個人少挨餓一天而已。如果你運用智慧，你會進一步設想：我要如何改造環境，才能讓這個人將來不再受苦，或是在他剛起步時，就能不陷入困境？再者，當我們談到智慧時，智慧也有很多種類型，首先要分出佛教徒的智慧和非佛教徒的智慧，然後在佛教徒的智慧中，又可細分出不同的智慧類型。

我認為非佛教徒的智慧比較實用，佛教徒的智慧有時候太過精細，又太理想主義了。我們的理想就是一切有情悉皆能由禪修而成佛。要達到這種佛智的話，光表示出慈悲或關懷是不太夠的。你必須瞭解，除非他自己有想要自我改進的意願，否則就會完成不了任何事。**人只有用智慧，才能往前走，單靠同情是不行的**。但是那樣子的話，佛性還是很遙遠的。（笑聲）

李義雷：

有人論證說，慈悲即使是與智慧結合起來，還是不行，最後還是讓某人去照料他人。慈悲是永遠無法引生出權利的觀念，所以你講同情性瞭解或友愛，結局都一樣。你必須要以一種完全不同的方式去看待世界。由歷史角度來看，他們的論證也很正確，不論這些宗教是多麼強調慈悲，它們通常都沒把慈悲與個體權利的觀念連接在一起，結果就發生了恐怖的事情（註三）。

法藍西斯科・瓦瑞拉：

難道西方沒有一個前例是跟法王所說的一樣，把慈悲與某個方法結合起來，這方法不一定是智慧，卻能夠產生慈悲？而且，就拿完美主義來說，你好像一直把達到完美狀態和堅持宗教信念這兩件事等同起來。但是，完美狀態是一種人性的渴望，不必用到任何神學信念的笨拙組合了。

李義雷：

不管它是猶太教的、基督教的或是世俗的，西方傳統是有一部份用這個方法來配合憐憫感這類基本的人類衝動，然後再用觀想這類方法來訓練自我。舉例來說，它們會叫人先想像沒有慈悲的情況會有多糟糕，然後再想像有慈悲的情況會有多好，最後念一些適當的文學作品，讓人不會對他人冷漠。

法藍西斯科・瓦瑞拉：

但是那些案例都跟信念有關。用早期馬克思主義這個例子怎麼樣？它有人類團結和慈悲的偉大抱負，但卻完全不信任宗教體系。可是，我們也知道實現這些抱負的方法有問題，用下去的結果並不理想。

李義雷：

西方在這近五百年來就已經看到，**早期馬克思主義彷彿就是一場強大而又熱烈的宗教運動。它帶有一切的宗教標誌。它替自己辯護的正當理由也遙寄在未來。**但它卻能要求信徒做出驚人的自我犧牲，並且接受相關的訓練。它有非常崇高的目標，也很敬仰創始人，並提倡聖典的研讀。它也有嚴密的機構和組織來管理整個人力資源。它簡直是把羅馬天主教或正統猶太教都完全比下去了。

至於那些質疑慈悲的評論家，我同樣也認為那些以慈悲為中心的大傳統，不管是佛教、基督教、儒教，一直都是與有階級差別的社會共存，那裡的女性、農人和文盲都被剝削得很慘，這點是絕對正確的。無論慈悲的觀念是多麼普遍，要去改善弱勢團體生活的衝動和能量還是太少。既然倫理學的宗教基礎在歷史上並沒什麼建樹，人們就覺得有重新開始的必要。

丹尼爾・布朗：

小李，我明白你的意思，西方之所以批評慈悲動機，是因為它老是跟社會不平等有曖昧的關聯，那些人在身分地位、權力和進化層次上都有很大的差別待遇。所以，這個爭議的核心應該是不平等吧？

李義雷：

不平等固然重要，認清慈悲是一種私人性的東西也很重要。

丹尼爾・布朗：

難道說，佛教修行以眾生開悟為焦點所在，也避免不了這種與慈悲相關的不平等問題嗎？

達賴喇嘛：

從佛教徒的觀點來看，慈悲有很多因人而異的種類和層次，端看你修行程度如何來決定，有些是會反映出他們也在修慧。在修行的準備階段時，慈悲免不了還混雜著自己的欲望或執著。舉例來說，親子之間的慈悲讓你有很強的親密感和責任感，但是原因還是跟血緣關懷有關。因此，那種慈悲就受到執著的影響，自然就很有限了。當你有能力去化解別人苦難或保護別人免於苦難時，在某些情況之下，是有不平等的現象存在。因為，你有別人所缺乏的能力。但在看待其他有情的真正慈悲模式中，沒有不平等的意味，也沒有優越感的作祟。那些是不存在的。慈悲自身並不必然會造成這種優劣的劃分。

慈悲如果不受到個人執著的影響，就有更深更寬的發展空間，到時你就可把憐憫的對象看成是與自己無差別。不管那個人跟我親近與否，他跟我一樣想要幸福，想要消除苦惱，所以他也有幸福的權利。只要他們是有情眾生，我都會發慈悲心，特別是對於有相同欲望和權利的人類，更是要以自他平等觀來發慈悲心。這裡哪會有優越感的空間。所以，你首先要確實了解到其他人也有權利，你才能發展出關懷和責任的感受。

把宗教掛在口頭

丹尼爾・高曼：

如果我把李義雷博士的問題往前推進一步，他觀察到歷史上很多宗教性格很強的國家，像西藏就是，都有貧農階級和地主階級的現象；可是，倫理學這種世俗民主的理性取向會把這現象直接當成人權的議題來看。在慈悲教義如此廣佈的情形下，這種不公義的現象是如何發生的？

達賴喇嘛：

人們常會有「把宗教掛在口頭（religion of the mouth）」的情形，他們不想把道理付諸實踐。然而，你若是把西藏的封建制度拿來跟中國或印度比較一下，就會看到西藏的制度比較慈悲一點，人民的苦難也比較少。一般來說，我相信這是受到佛教慈悲教義影響的結果，但是我也有興趣聽一下客觀中立者對這方面的研究。很多老外也注意到西藏人很友善，很樂天，尤其是那些在惡劣的舊體制中成長的老一輩人，表面上看來更是如此。沒有人會說過去的西藏是多麼完美。當然，西藏還是有一大堆的負面缺失和落後情形，但是這個社會很快樂。我認為這種差異是由宗教所造成。西藏人原本是戰士的種族，可是佛教興旺後，卻使我們喪失了戰士的資格。因此，到最後，我們失去了自己的國家。在這同時，我們也招來了很多同情人士。

你若要從佛教觀點來研究倫理原則的正當基礎，就必須要考慮到佛教這個基本的萬法緣起觀念。因此，你不能把慈悲當成是唯一的基礎；好像有了它，世界就是彩色的，失去它，世界就是黑白的。畢竟，慈悲只能是倫理行為的動機而已，但那並不意味著單靠慈悲就萬事具足。從佛教徒的觀點來看，李義雷博士所提出的三種西方倫理學觀點，不管是個體主義、理性主義或完美主義，其論旨都有成立的有效根據。

首先，個體主義的有效性在於人都會為個人利益和成就而努力，因此你要考慮到個體的欲望。同樣的，你也要考量一下完美主義，因為人生的目標就在那存在的完美狀態。第三，你也要把理性主義納入考量，因為我們需要理性機能來裁決特定環境下的是非對錯。所以，從佛教徒的觀點來看，你不能說任何一個是倫理學的基礎，你必須去考量它們相互緣起的性質。這三者每一個都很必要，但沒有任何一個可單靠自己來成立。同樣的，慈悲單靠自己也當不成倫理學的適當基礎，但這不表示說慈悲無法作為倫理學的正確動機。

李義雷：

在西方的倫理學中，我們不能夠把這三種理念全部搞在一起，就算能也不容易做到。因為，當你說個人欲望很重要時，你的意思不是說任何一個人所要的每一樣東西都是正當的，也不是說有些欲望比其他欲望好。一旦你開始分別出善欲和惡欲時，你就真的是一位完美主義者了。在西方來講，個體主義的觀點主張個體是全宇宙中最重要的事：不管個體主義者要的是什麼，他應該得到欲望的滿足，國家也會幫他們一把。如果你想要在現代的西方倫理學中，找到一種宗教原則的話，這就是了。除了作為宗教原則的情形外，它能有多高的合理性就不是很清楚了。西方倒是有些人把他們對合理性（rationality）的獨特觀點捧若珍寶，因為這種觀點要成立的話，就要去說服人們的理智做到知錯能改的境界，理性主義的見解就是個非常好的例子。

達賴喇嘛：

就拿這個理性主義的觀點來說，我們總會對某些行為形成是對是錯的共識，但是有很多例子還是要看情形來判斷才行。所以，你必須要考慮到環境的不同，當事人是哪些，他們的心理特徵是如何等事情。因此，理性主義者對於某人如此行為是妥當的，另一人這樣做卻不行的情況，要如何提出說明呢？

李義雷：

您現在所說的觀點，很接近西方亞里斯多德（Aristotle）和阿奎納斯（Thomas Aquinas）傳統的觀點。但是理性主義者會宣稱說，任何情況都絕對不能造成任何差別待遇。要記得，康德就曾論證過一條我們絕不應該說謊的規則，因為有意義的溝通要建立在真理的前提之上。再想想我舉的那個例子，有人借你一把槍，他沒多久就跑回來跟你要槍，還說他要去殺他姊妹。康德會說你要把槍還他，因為你不該說謊。如您所說過的，很多人也覺得這種哲學觀點有問題，竟然會容忍這種結果出現。

達賴喇嘛：

這個例子顯示出對錯概念的相對性。所以，終究來講，下決定應該還是要在饒益或傷害的基礎上進行。它的結果可以決定一個行為是對是錯。也就是說，任何會導致傷害結果的行為就可判定是錯的，任何會導致饒益結果的行為就可判定是對的。

李義雷：

這就會涉及到理性主義傳統中另一個受矚目的問題。可是，如果你只去考慮效益和結果的話，也似乎會碰到一些很難解決的案子。

達賴喇嘛：

這就是動機和慈悲為何如此重要的原因了。

法藍西斯科・瓦瑞拉：

你把完美主義的觀點當成一個解決爭議的可能性，那你能看出它有什麼樣的實用事務或方法嗎？我之所以會問，是因為西方現在已不採用從完美主義的觀點。舉例來說，在基督教背景下，你接受了愛世人的教導，現實上卻有無法實踐的挫敗感。

李義雷：

我認為這個地方實際上擁有很多西方傳統的文化財產。他們不是只告訴你去慈悲，去博愛，而是給你練習去做。但是有很多人認為他們只被教說人應該要成為什麼，然後就遇到慘敗的情形，才會判定說西方傳統已經崩潰了。其實，這個問題與傳統無關，而是出自於理性主美的觀念，誤認為思想可以直接導入現實行動。無論是猶太教、基督教或其他教義，西方傳統沒有一個深層部份曾把這個當真。

達賴喇嘛：

所以，你的結論是為了要有一致的倫理原則，我們被迫去訴諸科學無法檢證的宗教理念或超越觀念？當你說你很贊同完美主義的模式時，這意味著你真的需要訴諸宗教來建立倫理學的基礎嗎？

李義雷：

是的，這最確定不過了。我認為你必須用到宗教修行和宗教觀念，你也必須引用某種超越正常人類經驗層次的能量或力量。

達賴喇嘛：

那動物怎麼樣，特別是那些很社會化的動物？牠們的利他主義雖然有限，對共同利益也滿有責任感，但是卻沒宗教。

李義雷：

那些當然是人類天生就有的資源，可以用來幫助他們建立社群和負起責任。可是，人類好像愈來愈不依賴宗教根據來推動倫理體系的運作，西方的歷史就是這種情形，這讓我很傷心。過去的人們對自己的行為都很負責，即使他們的宗教性格不明顯，可是他們還很親近宗教的文化或傳統。美國現在會惹出這麼大的麻煩，部份是因為人們已經完全遠離宗教了。他們轉而被告知去效忠國家，認識基本權利，但是他們寧可不要，我們也找不出說服他們的方式。

達賴喇嘛：

你相信是非對錯的倫理原則與特定的宗教社群有關嗎？或者，你要說的是所有人都共享一個普遍真理嗎？

李義雷：

過去二十年來，我把生命都投注在這個問題上。我認為這兩者有很可觀的類似性，這點很令人振奮。但是那些真理好像需要一種新的語言，來超越特定傳統所能提供的東西。雖然談到這些事情時，不管是用儒家的、基督教的或佛教的方式，都很妥當。但是，我們需要一種表述它們的新方式，然後又不會與傳統完全斷掉聯繫。在我看來，能否找到那種語言具有非常關鍵性的影響力。

法藍西斯科・瓦瑞拉：

法王，您那關於動物合群性的問題凸顯出一種負責任的利他主義可以純從慈悲而來，而不必涉入宗教或文化的脈絡。既然這些價值的主要發生原因不必訴諸於宗教傳統，那它們又為何要把宗教傳統當成唯一可能的憑藉呢？

李義雷：

這一點目前還很有爭議。但是有一種倫理學觀點認為人類的獨特點就在於不合群；而那也是我們最獨特，或許也是最值得，而又潛藏有最可怕事實的地方：我們未必會為團體犧牲，我們也未必會去愛親近的人。我們可以用自以為聰明的方式去探索事情，而且獲得成功。我也是認為人類與動物是極端不同的，至少在這個特定的論點上是如此。但是，我知道有些自認為是倫理學者的科學家並不同意這點。

法藍西斯科・瓦瑞拉：

我為何要探討這個問題，就是因為我也是位生物學家。

達賴喇嘛：

那種選擇的自由可以是我們最偉大的力量，但它也能造成我們最重大的傷害。

法藍西斯科・瓦瑞拉：

您是建議說，我們也許可以用宗教色彩不強的基本能力來當作倫理學的基礎。我們回到動物的問題好了。我總覺得動物對同類那種很自然的慈悲心腸，有個很模糊的邊緣地帶。我們不是就聽過一些不同物種之間的慈悲案例。比如說，羅馬的象徵就是兩個受到母狼撫養的小孩羅木勒（Romulus）和瑞莫斯（Remus）。這條母狼不是為她的種族而做這件事。那她一定是有什麼內在的東西，才會跨出不同物種的界線，來餵養人類的小孩。

李義雷：

但是，那是個宗教象徵。它之所以會有意義，正因為它不是站在生物學的立場，羅馬人也因此才會挑它當象徵。

法藍西斯科・瓦瑞拉：

可是，生物學上來說，它確實曾發生過啊。就像有很多人報告說海豚會幫助航海者。

李義雷：

生物學上會如此是毫無疑問的，但是人類卻會為這個事情起爭執，正是因為它太詭異了。

法藍西斯科・瓦瑞拉：

但是，如果說那裡有某種內在的東西，不是從文化而來，反而是建立文化的巨大底層，而且我們可以透過訓練來擴展這個生命底層。

達賴喇嘛：

用人類發展的術語來說，這個事情不就是發生在親子關係或兩性關係之中嗎？這就是全球人口為什麼會一再成長的原因吧。即使以植物來論，也是有某種合作關係存在。人類社會是建構在家庭之上，家庭又是建構在合作之上，這是基於必要性，而非強制力的緣故。這種合作的必要性就產生了積極的滿足效果，家庭制度也就因而能夠穩固成長。所以，這整件事還沒受到宗教的介入，而純粹是靠人性的正面特質。雖然，憤怒和嫉妒也是人性的基本性質，可是，我認為人類心性的支配力量是慈悲和親愛。如果是憤怒的話，那家庭就不可能發展了。殺人和威脅人只會毀滅家庭，但是人性依舊存在。現在，我們會憂慮人口爆炸的結果了。

從佛教徒觀點來看，**人性本善就是宗教的基礎**。不管如何，宗教是人類的創作品。當然，我們可以把神看成是外在於人類的東西，但是就算是有神存在，而沒人這個接受者，也不可能發展出宗教。主要的貢獻還是從人類而來，不是神意在左右。所以，宗教是建立在人性的內在善良情感上。當人曉得那裡有功德和利益存在，他們就會對那個性質加以提煉，以強化它的力量。以某些情況而言，表達出憤怒當然是可以的。可是，沒有宗教會把憤怒當成有利益的事，因為憤怒會產生很多問題。人類並不喜歡憤怒，他們應該是愛建設勝於毀滅。

李義雷：

那麼，為什麼人類會毀滅了那麼多東西呢？

達賴喇嘛：

如果我們看人類存在這一萬年來的歷史，我認為是建設多於毀滅。正常來講，當有毀滅性事件發生時，我們會受到驚嚇，因為我們本性善良又親愛。美好的事情發生時，我們總是把它視為理當如此。毀滅事件總會給人較深的印象，所以我們總是會把情況想成是毀滅多於建設。你能夠進一步來討論這個問題嗎？我一向認為聽一聽不同的意見是件很重要的事。

李義雷：

我認為基督教傳統有個最深層的人性線索，可供您參考。我不但被它吸引住，也幾乎被它說服。它同意您講的一切都是正確的，人類是會建設，會建立家庭沒錯。但是，人類內在裡還是有傾向毀滅、擾亂、自我傷害的東西。這東西很隱微，又藏在黑暗之中，甚至有毀滅自己一度愛過事物的傾向。這很難加以解明，但它確實存在。除了您剛剛所提的事物之外，整個基督教的傳統就是在處理這個人性深層罪惡的問題。如同一位基督教神學家所說，原罪（original sin）不應該存在，可是事實上人性顯然是有原罪。

丹尼爾・高曼：

佛教難道沒有跟原罪或邪惡相等的東西嗎？

達賴喇嘛：

佛教的對等物應該是無明。

喬・卡巴金：

那是一個對罪惡非常慈悲的觀點，才會稱之為無明。小李，你已經成功描繪出一個嚴重的兩難困境，以及一個認識論的問題。那你個人認為這裡是否有可能的解決方案？

李義雷：

我認為問題是有可能解決的，不過要靠人們的完美主義者圖像。不過，那也意味著你將永遠都無法說服某些人來接受這個圖像的正當性，這點頗令人沮喪。

喬・卡巴金：

但這個圖像如何能與早期有兩難困境的完美主義者圖像區別開來呢？

李義雷：

我認為理性主義者的圖像有某些權利和正義的側面，能夠引入完美主義者的圖像之中。要如何把完美主義者的圖像帶入自由民主社會的現實之中，也是令我非常困擾的事。因為，那看起來是用某種非常值得懷疑的方式來控制人。

喬・卡巴金：

你認為科學這種對身心連結的廣義觀點，對於這個嶄新的完美主義者圖像，是否能做出一些貢獻，讓它不會走入早期完美主義者的死巷？

丹尼爾・高曼：

也就是說，我們有新道德的基礎嗎？

李義雷：

我很懷疑，不過我也許會被說服。

註釋：

註一：這些倫理學觀點所用到的名稱，與西方倫理學專業討論所用的名稱不同。

註二：佛教的業的觀念是指動機和行為會對參與者和接受者產生一種身心效果，這是一種因果的過程。舉例來說，一個人因為慈悲心腸而給人食物吃，就會增強他投入利他行為的傾向。

註三：這個「看待世界的全然不同方式」會引入人類權利的觀念，是由倫理學的理性主義者的觀點演進來的。根據理性主義者的觀點，人權就是一個抽象的觀念。它不依賴特殊的情感，而是靠邏輯原理。根據康德的說法，道德形上學的基本原理就是主張說，人行動時必須「把你的行為準則（maxim），通過你的意志，變為普遍的規律（universal law）」。當這個原理應用在人際關係時，它邏輯上讓人有義務去把他人看成目的自身，而非只是達成目的的手段而已。他人有內在賦有的權利。其他像經驗主義者洛克（Locke）的西方哲學家也相信人類有權利。在洛克的觀點中，在組織社會之前，有自然法的存在。因此，自然狀態是理性和寬容的幸福狀態，人類有探索生命、自由和財富的權利。

2 情緒和身體的互動

從憤怒、敵意、憂鬱、悲傷、自憐、無望、壓力、焦慮到平靜、樂觀、自信、喜悅、慈愛

引言人：丹尼爾・高曼（Daniel Goleman）

我們的情緒對健康有很大的影響。一方面，大量科學資料顯示憤怒、焦慮和憂鬱等負面情緒對於健康的影響特別強烈。人若長期處在這些負面狀態，不但抵抗力會減弱，症狀會惡化，康復過程也會多受阻礙。另一方面，平靜和樂觀等正面情緒也有增進健康的效果——雖然正面情緒影響健康的資料是不如負面的明顯。至於，使用增進健康的生物命令（biological imperatives）作為倫理行為的指導方針，高曼也會一一評估其各種證據和可能意涵。

丹尼爾・高曼：

法王，您提到這星球上有三、四億人沒有宗教信仰。因此，我們所面臨的問題便是什麼樣的倫理學才能打動這四億人口的心？我可以提出一些實驗性的科學證據，來說明這個

問題的全新探討方向：**身體的免疫系統就是身體的心識系統，它在強身益壽和損身傷神這兩種情緒狀態之間，可以提供給倫理體系一個基本的參考架構**。我試圖顯示出身體的倫理體系很接近佛法的某個側面，因此它可算是一種「身法」(body dharma)，其原理就是情緒困擾使人生病，情緒健全則可促進健康。在找尋新的科學證據的過程中，我發現正負心意狀態對健康的影響，和古代靈修系統中圓滿不圓滿狀態對健康的影響，有著驚人的類似性。

我先交代一下這項研究的相關背景。我在檢查那左右健康的心意狀態時，不想單只考量心理狀態這個因素。當你在思考我們為何隨時會得病時，就會發現有很多種因素需要考量。我們常常會遭受到身體細胞變成腫瘤之苦，雖然免疫系統一直都在巡邏，但是它的力量仍可被許多事物削弱。削弱的因素有遺傳：我們會遺傳到一些導致自體免疫疾病、癌症或其他疾病的基因傾向。另一個因素是壞習慣：抽煙導致肺病，飲食不正常則會弱化免疫系統。環境也是一個因素：現代的空氣污染造成氣喘等呼吸問題大增。

最近五到十年的新發現指出心意狀態能夠影響免疫系統和心血管系統的機能。我要介紹的是一些有做過科學研究的情緒狀態。**情緒困擾狀態有憤怒或敵意；憂鬱，又可分為悲傷、自憐、罪疚和無望；壓力，又可分為擾亂、神經質和焦慮；壓抑，亦即否認焦慮。情緒滋養狀態則有平靜、樂觀、自信、喜悅和慈愛**。

這些狀態對免疫系統的影響，可由免疫細胞的數量或效力的增減情況看出。醫學專業的主流看法指出免疫細胞受到情緒影響的範圍並不足以波及健康，但是這個看法也可以因為新的證據出現而改變。我們可以用實驗來判斷這種免疫改變的範圍：舉例來說，如果你用反覆的電擊來弱化白鼠的免疫系統，並削弱它們百分之八十的免疫能力時，免疫效力就會被嚴重損傷，白鼠就會開始染上不同的疾病而死亡。但是它們仍殘存有百分之二十至三十的免疫能力，而且這個殘存範圍也被大部份的情緒和免疫功能研究確認無誤過，雖然有人說這仍然會影響到你跟細菌打戰的戰績和你痊癒的速度。科學家也把這些心意狀態的影響範圍擴及到心臟病和其它跟免疫系統無關的疾病，也就是說它們對健康有全面性的影響。

心意狀態影響健康這整個理念對科學界來說很新潮，而它也告訴我們還有什麼心意狀態尚未被研究。舉例來說，沒有人研究貪婪對健康的影響，因為西方不認為它是個問題或病理；這是一種文化規範。雖然在禪定基礎上觀察不同的心意狀態，以及它們如何對不同疾病造成影響，都可以說是個很有研究展望的理念，但是禪觀這種方式還無法用科學實驗來研究。不過，我們還是可以得到一大堆有關日常情緒和健康的資料。

對健康不利的心智狀態：憤怒、憂鬱、壓抑

我首先向大家介紹第一個對健康不利的心意狀態，那就是憤怒。北加州大學教授約翰・貝爾福特（John Barefoot）曾經對有潛在嚴重心臟病的人做過實驗。當他們依照順序進來測量動脈阻塞程度時，會先作一個他們平時憤怒程度的心理測驗。舉例來說，他們常被問說你有沒有經常吼小孩。結果顯示生氣最少那一組的阻塞程度最低，生氣最多那一組則是阻塞得

最厲害。不過，這並不是在證明憤怒會把動脈堵死，因為還是有其他的因素會同時引發憤怒和阻塞。

所以，我們想找一個比較有未來展望的研究，以便能從人的現況預測出他們的未來狀況。杜克（Duke）大學的瑞德福特・威廉（Redford Williams）博士曾經觀察過一個擁有兩千位勞工的團體，他們湊巧在二十五年前也做過敵意程度的心理測驗。在憤怒指數很低的那群人之中，已經有百分之二十的人去世。而憤怒指數較高的那批人當中，也已經有百分之三十的人去世，死亡原因有很多種，有的是因為心臟病、癌症和其他疾病，也有的是因為意外事故。這表示說你若是個長期性憤怒的人，在二十五年之間，你的死亡率比不憤怒者大約會高出一・五倍。

我們可以假設說這些人出意外的原因在於憤怒，但我們無法確定實情是否真的如此。從那之後，有其它研究的結果顯示出憤怒確實是早期死亡的一個重大因素。在一九五〇年代中期的研究中，有一組醫學生接受測驗，並依對人有無長期性敵意來分類。當威廉追蹤他們二十年後的狀況時，他發現一三六位敵意不高者只有三位死亡，敵意高的那組則有十六位去世，所以它算是個大幅提高死亡風險的因素。有趣的是那些憤憤不平者大部份都在五十歲之前過世：憤怒的人好像真的比較早死。

威廉博士也仔細研究過引發早死的憤怒有什麼樣的特殊性質，並且發現它有三個成分。第一個是懷疑主義的態度。如果你對人有懷疑和負面的觀感，你大概會急著想防備他人的威脅。這種根深柢固的敵意態度會導向憤怒的感覺，然後會引發行動：把憤怒爆發出來，向人大吼大叫，抱怨這抱怨那。

哈佛醫學院的研究者發現憤怒是心臟病發作前兩小時最常見的情緒。一旦心臟病發作時，憤怒就特別顯得致命。在心臟病發作過一次的人身上，憤怒一回就可使心臟的幫浦效率下跌百分之七以上，心臟學家認為這種心臟血流的下跌量頗危險。在史丹福和耶魯的醫學院中，那些心臟病發作過一次還容易生氣的人在未來十二年中，死於第二次發作的機率比其他患者還要高出兩、三倍。

敵意對男人所造成的危險性比女性還高。睪丸素（testosterone）是一種讓胎兒發育成男性的荷爾蒙，因此男人的分泌量遠比女人還多。而且，它會提高人的攻擊性，雖然這一點還有爭議。但是，暴力犯罪者的睪丸素分泌量確比平常人要高。如果你也分泌很多睪丸素的話，你為了要掌控情勢走向，就會逞兇鬥狠，或爭論不休，這樣就很容易得心臟病。

另一個對健康不利的心智狀態是憂鬱：悲傷、自憐或無望感。憂鬱的相關研究有很多，所以我只能大略說明。有很多證據顯示，憂鬱在作為疾病起因方面比較無足輕重，反而在干擾重病後康復方面，扮演很吃重的角色。舉例來說，在乳癌女性的研究中，最憂鬱的女性她天然殺手細胞的數量也是最少。這些細胞的工作據信是在身體中到處巡邏，以防癌症腫瘤萌生。憂鬱的病人既然只有最少量的殺手細胞，腫瘤細胞擴散的速度當然也快多了。

在紐約市的錫奈（Sinai）醫學院中，精神科醫師評估過髖骨破裂老人的憂鬱程度後，發現那些寬心者比憂鬱者提前三次復健課程就能再走路了，並且提前九次復健課程就恢復原先的健康水平。所以，憂鬱看起來是會干擾骨頭的癒合和功能發揮。

在明尼蘇達（Minnesota）大學中，大約有一百位接受骨髓移植的患者，十三位患者有重度憂鬱的傾向，其中十二位在移植第一年時就死了，剩下的八十七位患者之中，則有三十四位在兩年後還活著。憂鬱也對心臟病發作患者構成醫療上的風險。在蒙特略（Montreal）大學中，有八位心臟病發作過一次的患者，其中有嚴重憂鬱的患者比起那些較能寬心的患者來說，死亡率大概要高出五倍左右。

接著，我們再來談一下焦慮或壓力，南傳佛教的阿毘達磨（Abhidharma）心理學把它們稱為煩惱。科學家曾經為此設計了一個實驗，他們把從未碰面過的五隻雄猴關在同一個籠中，由於猴性天生需要選出一個首領，所以牠們會彼此打鬥來決定誰是老大；一旦老大選出來了，其餘猴子就會遵守秩序，過著相安無事的生活。不過，研究者每個月都抓出兩隻猴子，再丟兩隻新猴子進去，好讓牠們為新一波的首領爭霸戰再次出手相鬥。他們就這樣子搞了一年實驗，也弄了一個成員不汰換的對照組。結果他們發現那組成員汰換過的雄猴有動脈阻塞的症狀。尤其是猴王更得了最嚴重的心臟病，因為牠戰鬥次數最多。有意思的是對照組的猴王動脈阻塞程度最輕微，可見沒有新成員來鬥的話，猴王的身體會健壯多了。

另一個研究方式是觀察三哩島核子反應爐附近的居民。這些鄰近居民難免會擔心這個，焦慮那個的，因此他們血液樣本中的T細胞和B細胞就比那些外圍區域的人低很多。可見，恐懼和擔憂對免疫系統造成的影響還滿大的。

但是，比起其他病理指標的研究來說，免疫變化的研究情況還很模糊不清。譬如說，俄亥俄州大學的醫學生在準備大考時，壓力太大，於是他們的T細胞和B細胞水平就大幅跌落，很多人也因此著涼和感冒。

也許，這方面最好的資料是來自於英國一個特殊的感冒研究單位，他們跟卡內基—梅稜（Carnegie-Mellon）大學合作，把志願者有系統地暴露在感冒病毒之中。不過，並不是每一個志願者都會感冒，這要看他們那時候免疫系統的健全程度如何而定。但是，壓力和焦慮在此也頗具影響力，像壓力比較輕微的那批人當中就有百分之二十七感冒，壓力最高的那組人當中則有百分之四十七感冒。

最後，整個研究圖像好像在建議說：所有心理煩惱的狀態都會提高危及健康的風險度。霍華・弗萊曼（Howard Friedman）在艾溫（Irvine）的加州大學任教，他從一百多項有關情緒狀態影響健康的研究當中，分析出一些資料：跟一般人比較的話，那些有強烈敵意和憤怒的人，或是非常焦慮、悲傷、悲觀或緊張的人，得重病的危險性就高了兩倍，這些病計有氣喘、慢性頭痛、胃潰瘍、心臟病和關節炎。

最後一個有很多相關研究的情緒困擾狀態是壓抑或否認。從一般角度來看，我相信這跟阿毘達磨心理學所講的無明有關。蓋瑞・許華茲（Gary Schwartz）和哈佛同事在幾年前研究表現情緒的面部肌肉時，發現前額中央的肌肉在你擔憂時特別會緊繃起來。如果你是常常頭痛的人，這塊額部肌肉就會經常處在高度緊張的狀態。有時候，肌肉緊張歸緊張，可是也不會弄出皺紋來，所以他們會用電極來偵測緊張程度。有些肌肉高度緊張的人嘴巴硬是說他們很好，絕不會擔憂什麼事情。科學家就對他們做進一步的研究，結果發現他們是在否認自己身體的實際狀況。研究者會做一些讓他們生理惱怒的事情，然後再測量他們的肌肉張力和心跳速率等生理惱怒的信號，然後再問他們覺得自己現在很鬆弛還是很緊張。大部份的人在身體緊張時都會說心理很緊張，但是這些人偏要說他們不緊張，這就是在否認。

像這樣子的「壓抑者」(repressors) 容易得到氣喘、高血壓和感冒等疾病。得到乳癌的女性壓抑者也容易讓腫瘤復發。所以，壓抑似乎對健康不好。

健全的情緒和健康

我們在觀察健全的情緒狀態時，正好可看到完全相反的圖像。拿平靜狀態來說，大部份的研究都是找那些學習鬆弛技巧的禪修者來做實驗。他們發現平靜的練習可以讓身體真正鬆弛下來，並且產生很多健康的效益，哈佛大學的賀柏特・班森 (Herbert Benson) 教授就稱呼這為鬆弛反應 (relaxation response)。

我們也有一些助人平靜的臨床方法。譬如說，生物回饋法是把電極放在額頭中央的肌肉上，這樣他們每次肌肉一緊張時，機器就會發出鳴叫聲，他們便可趁機練習鬆弛法，以防機器再度鳴叫。他們有能力辨認出肌肉是處於緊張或鬆弛狀態之後，就會想提高鬆弛效率。這種平靜狀態能產生許多健康效益。我曾經指出學生在考試時，B細胞和T細胞的數量往往都會下降。不過，有些在考試期間每天練習禪修的學生被發現他們的T細胞數量不減反增。他們如果能更密集打坐的話，那效果會更強。

另一個積極的心意狀態是樂觀主義，它能對你解釋生活中為何會有不幸的事情發生，好讓你在面對挫敗時，不會沮喪或志氣消沈。有一項從一九四〇年代就開始的研究，科學家根據一批哈佛學生自己替生活事件下註解的文章，把他們分成悲觀組或樂觀組，並在三十年後檢查這些畢業學生的健康史。結果發現悲觀組的學生在四十歲後，就比樂觀組的學生有更嚴重的健康問題。在密西根（Michigan）大學中，也對進行繞道手術的病人做過同樣的分類；樂觀組的病人在手術時問題比較少，恢復時間也很快。所以，樂觀主義即使是在緊張的狀況中也對健康有益。

自信是另一個積極的心意狀態，它是一種我們能夠掌控情境的感受。在西方，它被歸類為一種控制感。有自信的人認為事情全在他們掌控之中。不過，有些工作會讓人覺得沒法掌控什麼東西。譬如說，巴士司機要照排班表來開，可是一路上有太多他無法掌控的狀況會發生，但是他都得照時間開抵目的地。從事這類行業的人得高血壓和其它疾病的機率，比那些在工作上有掌控感的人要高出三倍之多。

很多醫學中心都曾經重複做過一項實驗，他們把兩隻白鼠放在相併攏的籠子中，並同時電擊牠們，不過其中一隻白鼠有槓桿好推，可以停住電擊，另一隻就沒有這個機會。也就是說，它們同時被電，不過只有一隻白鼠有機會改變這種困局。沒掌控機會的那隻白鼠就會得到胃潰瘍。當他們替兩隻白鼠注入癌細胞時，沒掌控感的那隻白鼠往往腫瘤擴散得最快。

待在護理之家的老人也常常感到他們沒什麼好掌控的東西，特別是有些護理之家的規定又很嚴格。耶魯心理學家說服某位護理之家的經理，讓一群老人對他們吃什麼東西或何時能會客等事情掌控到更多的決定權；他們每人也分到一顆植物來照顧。一年後，這組老人的死亡率比其他沒掌控生活機會的老人要低了一半左右。

友善是另一個非常重要的心意狀態，用心理學術語來說它就是社會連結，代表一個人結交朋友或有多少人願意友情支持的範圍。研究員這次也挑選一批準備考試的學生，這是為了要在很自然的情況下做壓力的實驗。在考試期間，那些覺得最孤單的人，往往天然殺手細胞的數量也是最少。在罹患乳癌的女性中，那些有最多社交支持者的天然殺手細胞，往往比沒有的人要高出百分之三十。

在加州大學的一項研究中，研究員在一個大城市中挨家挨戶拜訪了五千位人士，並訪察他們的朋友數目有多少，又有多少人會關心他們。這不只包含朋友，還關係到他們參與社群的方式：加入市民組織，加入教會，加入公共會議，加入地方學校會議，這是一種跟更廣大社群的連結感。九年後，朋友較少的那些人比起朋友較多的死亡率要高出兩倍之多。許多其它的研究也發現社交接觸這個因素跟死亡率有關聯。

這一連串的發現顯示出人類的連結感可以對壓力產生一些緩衝效應，因此有愈來愈多醫院安排病患跟同病相憐的人共處，好讓他們得到更多的情緒支持。這種同病相憐的理念很矛盾，你除了有照顧者之外，也要照顧其他人，才能對你的健康有幫助。史丹福大學的大衛•史匹格（David Spiegel）教授在十年前就對一群罹患乳癌的女性做過這類實驗，前提是這類安排不會造成傷害，還能幫她們在情緒上應付那時幾乎是致命的疾病。有一組婦女只是進行一般的醫療，其他組則多了為時一年每週一次的團體治療。她們在其中分享彼此得乳癌的感覺和家人的感受，所以她們關係變得很親密，對團體成員也產生很多關愛之情。此外，她們也學到了控制疼痛的自我催眠技巧。

然後，研究員就開始清查兩組團體在未來十年內的死亡率。他們發現兩組團體大概在兩、三年後才會開始出現差異。也就是說，參加過團體治療的婦女比那些只接受醫藥治療的婦女，會慢一點才死。不過，那些只接受醫藥治療婦女的死亡率在十年後已變成兩倍多了。

他們也對動物做過類似實驗，有個實驗是讓籠中猿猴遭受閃光燈和鬧聲的干擾，然後再測量牠們腎上腺皮質素的含量。當另一隻猿猴也被關入同一個籠子時，牠們兩個就有伴了，腎上腺皮質素的分泌量也因此減半。如果再放五隻猿猴進去後，牠們腎上腺皮質素的分泌量就不受光線和噪音的影響。

另一種正面的情緒狀態是喜悅。哈佛研究員測量過人們在看喜劇電影時荷爾蒙的分泌情形，結果發現他們腎上腺皮質素的水平減少，天然殺手細胞的數量增加，可見歡笑頗為重要，雖然我們還無法斷定說歡笑有明顯的醫療成效。另一個研究發現人們看喜劇時，T細胞數量會增加，而每天常常大笑的人在看片時，T細胞增加得最多。有個類似的研究，對象是三十六位罹患乳癌的女性，有些女性沒有進一步惡化，有些則是癌症一再復發。七年後，其中二十四位都已過世。從早期的心理學測驗來看，存活者和去世者唯一的情緒差別就在生活的喜悅感而已。研究員對此甚表驚訝，因為喜悅竟然變成一種比癌細胞擴散程度更有力的存活指標（在做出任何確切結論之前，這項資料需要重新再檢證過一次）。

最後，關於慈愛的資料是最不充足的，也有點偏思辨性質。哈佛醫學院的大衛．麥克藍教授請一些人觀賞一部德蕾莎修女照顧貧病者的長片，其他人則是看令人火大的德國納粹影片。那些看德蕾莎修女影片的人T細胞數量有短暫上揚的現象，他們若是在看完片後，修一小時的慈愛觀想，把所有人都當成慈悲為懷，T細胞數量就能持續上揚。人們進入這類慈愛心境時，似乎能帶動和強化T細胞和免疫系統的功能，雖然我們無法確定這種免疫功能的改變範圍是否具有任何醫學上的意義。

有關正面和負面心境的主要研究，我大致介紹完了。我們可以找到很多明確的資料來佐證它們對健康確實會有影響，尤其是那些長期性負面情緒的有害影響更是有一大堆證據。這個醫學研究領域算是很新進，其中許多臨床研究都需要一再重複檢證，才能確定這些影響是真實不虛的。對於那些由免疫尺度建立的研究來說，免疫功能的變化範圍是否能達到具有醫學影響的標準，也不是很確定的事，它們的功能目前只能是建議性的，不能是定義性的。那些用疾病或死亡作為結果評量標準（outcome measure）的最有力資料，如果愈能得到其他研究員的證實，我們也才愈能確定健康和情緒之間的種種關聯。

李教授曾經提過一個問題：那些無宗教信仰者只相信「我要的東西就是我該得到的東西」這一套個體主義的倫理，我們要如何說服他們過一種倫理的生活呢？如果這些科學新趨勢能被未來新發現陸續證實的話，也許就能解答這個問題：你也許可以說他們為了自我利益著想，自會考量慈愛而不憤怒這檔子事。

參考評論：

法藍西斯科・瓦瑞拉：

我對於高曼所提的生物學證據，有一些意見供大家參考。這種測量建立在非常不明確的衡量尺度上，並且反映出一套全體性的標準(global parameter)和活動。這好比是在量你的溫度：它是可以告訴你身體的一般狀況，可是發燒背後卻有三十幾種發生因素可以追查。所以，T細胞的測量也是反映出同樣粗糙的全體性標準，它也可以意指很多事情，因其背後也是涉及了免疫系統各主要側面的相關活動。再比如說，做腦電圖就跟在城市中放置麥克風一樣，你是可以分辨出城市是否寧靜，但你無法從中推知美元和法郎的匯率。免疫系統跟腦部一樣有非常細部的反應，因此T細胞數量的增減是非常粗糙又模糊的測量標準，無法告訴你這個因素是否更適用於治療傷口或預防癌症。

所以，我們現在碰到的是一種剛發展的技巧，即使這種非常粗糙的標準會誤導我們，我們也被迫要對它感到滿足。因此，我們要解釋這些剛開始的研究時，必須很審慎，不能過度樂觀。

丹尼爾・布朗：

有些比較好的研究是有更進一步，他們不只測量全體性免疫功能的變化，也測量疾病發生率的變異性。譬如說那個醫學生的研究在測量免疫功能之外，你也能發展出免疫活動和疾病發生率的關聯性。研究員能夠顯示出人在免疫水平低落時，患病機率就大增。死亡率的研究也是一個非常具體的測量標準，這些事物有負面或正面的效應。但是，天然殺手細胞的數量增加是一個非常粗糙的指標，細胞毒性的比率才是天然殺手細胞效率的較佳測量標準，因為它可顯示出細胞是在防衛疾病，而不是顯示出他們數量到底有多少。

法藍西斯科·瓦瑞拉：

有一個使用更細部測量標準的例子：我們可以測量重症肌無力五種特別無性複製的抗體數目的增減，這種取向就比較不是全體性，而是調適性，就像放一個小電極在腦中測量細部腦活動一樣。這種研究當然比較有意義，可是困難度太高了。

〈第二部〉

生物學的基礎

BIOLOGICAL FOUNDATIONS

3 身體的自我

身體有一種調節自身存在的智慧

引言人：法藍西斯科・瓦瑞拉（Francisco Varela）

法藍西斯科・瓦瑞拉為了描述整個免疫系統的結構和功能，就用「第二個腦部」一詞來形容。因為，他認為免疫系統就跟神經系統一樣，有記憶、學習的功能，因此也有適應環境的能力，這一點不是從認知上說說而已，而是真正具有生理實質上的意義。接著，他列出免疫系統和神經系統的類似地方，並指出兩者都具有自我調節的功能，也都能夠控制身體對環境的反應。心意、神經系統和免疫系統這三者的互動關係，可以在生理學上證明情緒確實可以影響健康狀態。這些足以證明其互動力量的資料，除了神經系統的壓力可以造成免疫系統的功能障礙之外，還有免疫反應可以被心意制約的事實，就像巴夫洛夫（Pavlov）的狗一樣，可以訓練牠不必看到食物，只聽到送食物的鈴聲響時，就學會要分泌唾液。

神經系統和免疫系統之間有一種相互回應的調節關係，研究這種關係的學問就叫精神神經免疫學（psychoneuroimmunology, *psyche* 表示心智，*neuro* 表示神

經系統，immunology表示免疫系統），這是生物學新開發的一個次研究領域。這種神經學、免疫學和心理學相互依賴的前提事實，就是接下來探討課題的基礎所在。

法藍西斯科・瓦瑞拉：

我個人是在研究所有知識形式的生物學基礎，整個免疫系統的結構和運作可以從我的研究脈絡中加以描述清楚。這個西方最新的研究脈絡就叫精神神經免疫學，時間還沒超過十五年，專門是在研究神經系統、免疫系統和心意狀態之間的關係，以究明身心之間的關聯性，所以有很令人振奮的研究前景。

當你問到情緒如何影響健康時，你不僅需要考慮大腦和神經系統的運作，更要瞭解免疫系統如何能夠擔當身體第二個腦部的重任，這可不是在打比方喔，而是一件非常具體的生物學事實。

我們對這個系統所提的第一個問題是：它的器官是什麼？免疫系統的器官就跟神經系統的組成部份一樣，遍佈在整個身體之內。它們包含了胸腺和骨髓，這兩個是系統不斷更新的泉源；脾臟；淋巴系統，這是由淋巴管連結各個淋巴結而成的網絡，其內有淋巴液在循環。

免疫系統的構造細胞稱為淋巴細胞或白血球細胞，全天候都在機動巡邏，不像神經系統的神經元是固定在一處。大部份的淋巴細胞是從骨髓（bone marrow）中產生，因此它們叫做B細胞。從胸腺（thymus）產生的細胞，就稱為T細胞，雖然它數量較少，可是T細胞能夠控制B細胞，就跟軍官能夠管制阿兵哥的行動一樣。

神經系統的細胞可以從它們的形狀和位置來辨別。比如說，視皮質的神經元就跟那些運動區的神經元有所不同。淋巴細胞既然在到處探查敵情，就不是由位置來辨別，而是由細胞受體來決定。這些受體是一種細胞表層的巨大分子，在循環過程中可與其他細胞的受體互動。細胞受體是使我們能指認出細胞特定功能的標記，就跟我們能指認出大腦的特定神經元一樣。

在這些標記中，有一種叫做抗體的巨大分子。B細胞可由其獨特的抗體來辨認出來，而且在免疫系統中只有其他二、三十個細胞可以共享這個標記。它們是B細胞無性複製（clone，譯按：clone原指植物的無性繁殖，後指生物體細胞透過無性生殖所形成基因型完全相同的細胞族群。）的小家族，可以生產出相同的抗體標記，這個抗體有如一個特有的家族姓氏。在正常的免疫系統中，大約有一百萬個不同的無性複製家族在那裡循環，每一個家族都可由它們的抗體來加以辨別。你可以試著想像一個擁有百萬家族的大城市，每個家族跟其他家族之間都有一種特殊的親和性，並且在城內巡防。這件事挺複雜的吧！

抗體就跟其他細胞的受體一樣，也有非常特異的形狀，可以嵌入不同種類可是形狀卻能互補的分子。打個比方來說，我的雙手如果只合攏一點的話，就可放入一個蘋果或橘子，並堵住一陣子，換做要放枝筆進去的話，就不適合了。B細胞很快就能跟任何細胞或細菌結合，或是跟血液中有特定分子形狀的漂浮物結合。而且B細胞不斷在結合和分開，後退和前進，以進行快速的交換行動。這些互動是一種溝通的方法，就跟神經元是由發送電脈衝來溝通一樣。

在神經系統中，最重要的事件就是神經元的活化和抑制。大多數的神經科學分析都集中在測量其相對的活動量。免疫系統的B細胞和T細胞也跟神經元一樣，有活化和抑制的現象產生。這裡，活化指的是細胞分裂，使無性複製家族增加數量。抑制則是指細胞死亡，使無性複製家族的數量減少。

人類B細胞的正常生命期是一到兩天，有些會活久一點。這意味著免疫系統是在大規模地進行快速翻新的工作，大概一兩個禮拜之內，所有的淋巴細胞都已經全部汰換完畢。因此，一直保持不變的就只有複製的「模式」：無性複製的家族種類和活化程度。當然，這跟大腦不同，因為神經元既不會衰亡，也不能再製造。

神經系統和免疫系統之間，還有個很重要的類似點。比如說，大腦可透過眼睛和耳朵這些感覺器官與環境接觸，有一些淋巴器官也可作為感覺裝置和與刺激互動的特定區域：例如腸子的斑點就經常是跟你所吃的東西有關。（譯按：Peyer氏班是腸道黏膜的淋巴組織，可透過上皮的巨噬細胞，捕獲抗原。）

兩個系統也同樣有效應器。在神經系統中，這些效應器最典型的就是肌肉的收縮，可以產生行為，雖然也有其他的類型存在。免疫系統中的對應項則是B細胞的成熟，這種效應對身體健康很重要。在成熟過程中，B細胞會突然搖身一變，成為每小時量產兩千個抗體的工廠，平常則是要花十二小時的時間。這些抗體被釋入血流時，是獨立於任何細胞的；

我們把這個效應稱為免疫反應。（譯按：免疫系統首次遇到抗原時，T細胞和B細胞要找一週時間來製造抗體，稱為首次免疫反應。當免疫系統第二次碰到相同的抗原時，因為對此抗原有記憶性的T細胞和B細胞，馬上就能大量製造抗體，這稱為二次免疫反應。）

身體的自我

神經系統具有一種形成認知身分（cognitive identity）的功能，可以讓我們產生一種帶著自己記憶、理念和傾向的自我感。其實，身體也有一種在整個免疫系統中運作的身分感，那也是一種擁有記憶、學習和期望等認知性質的自我感。

神經系統包含了一些關於保護身體完整性的簡單機制，像是動物會迴避痛苦的刺激；司機會把車子轉向，以閃避突發性的撞擊。生物學家把這些應急反應當成是發生在神經系統最底層的簡單逃避反射，沒什麼複雜的東西在內。但是神經系統也有另外一個面向：所有日常生活中的情緒、想像、欲望和記憶，而非緊急的防衛措施。說真的，內在的身分感比這個簡單的逃避反應還複雜和有趣，而且這種持久性的內在生活涵蓋了大部份的皮質活動。

在免疫系統中，我們也有相同的情形。免疫系統的防衛側面會向感染等緊急事項，馬上起反應。舉例來說，當細菌侵入身體時，你的免疫系統會突然認出那是一個異常的分子實體。免疫細胞這種認出陌生外形的功能，其實是一種很簡單的認知操作。接下來，B細胞跟細菌結合後，就開始邁入成熟期，大量製造抗體出來。於是，每一個細菌都遭受到抗體的團團圍攻，而且屍首馬上就會被淋巴液沖刷掉。這種免疫反應可說是疫苗（vaccines）（註一）發揮預防作用的生理基礎。

這種外在導向的防衛機制已經主導免疫學的研究快一百年了，至於內在的自發防衛側面則是很新的研究領域，可是神經科學已經研究這好一段時間了。今日的免疫學仍然關心免疫反應，這是奠基在麥克法蘭・貝涅特（MacFarland Burnet）所謂的無性複製株落的選擇（Clonal Selection）理論上頭，這個理論大約是在一九五〇年時提出。我的意思不是說免疫反應不重要，它跟神經反射一樣，都是我們要逃離危險時所必備的東西；但是，你若因此把我們全部的認知生命化約為逃避反應，就是一件很蠢的事了。逃離危險情境和掠食動物的侵襲只佔了我們認知生命的一小部份而已，同樣的道理，我們的免疫系統也不會天天面臨嚴重的感染情況。因此，當免疫反應沒有發作時，免疫系統在做什麼呢？這種內在認知生命又有什麼對應物呢？

讓我用個比喻闡述問題的解決方向。一個國家身分的本性是什麼？比如說，法國有個身分，可是它又沒坐在法蘭西共和國的辦公室。不過，如果有太多外國份子侵入這個系統時，它就很明顯地會產生外在導向的防衛反應，軍隊就會開始籌備軍事反應的事宜。可是，你若因此把整個法國的身分感全部建立在軍隊的軍事反應上，就未免太蠢了。如果在太平時期時，法國的身分會是什麼呢？我認為是溝通產生了身分，當每個人彼此碰面交談時，就產生了社會生活的組織。這是整個國家的生活脈動。你走在城市的街道上，看著人家在喝咖啡、寫書、照顧小孩和煮東西，但是最多的還是講話。

當我們在建構身體的身分感時，免疫系統中也發生類似的事情。細胞和組織也跟身體一樣有個身分感，因為B細胞和T細胞經常在身體網路中巡邏，並跟身體中每一個分子外形大玩結合和分開的遊戲，它們自身也會彼此玩這個遊戲。有很大比率的B細胞都是跟其他B細胞在接觸。就像一個社會一樣，細胞建立了相互聯絡的組織，當許多團體在運作時，就塑造出一個功能性的網絡。淋巴球也是經由這些相互的聯絡，而在無性複製過程中受到活化或抑制，就跟人降級或升級，家族規模擴展或緊縮的情況很類似。這種對系統身分的肯定不是一種防衛反應，而是積極的建構，因此算是一種自我主張。這就是我們在分子和細胞層次上建立「自我」（包含了基因的決定因素和「自身」的標記）的原因所在。

在巴黎的巴斯德學院（Pasteur Institute）任職的安東尼奧・柯廷侯（Antonio Coutinho）和他的同僚，在一個沒有感染危險的無菌環境中養老鼠，它們只暴露在空氣和簡單食物之中，沒有其他的抗原（外界的分子）。如果你採取傳統的觀點，把免疫系統看成是純粹防衛用，你就會預先認定這些老鼠根本沒有防衛系統。但是假如你認為免疫系統除了外在防衛，還有一個認知的內在核心時，你就會預期這些無抗原的老鼠一樣會有正常的免疫系統。實驗的結果百分之百清楚：你幾乎無法分辨出這些無抗原老鼠和那些正常老鼠的免疫系統有何不同之處。

很明顯的，牠們一離開實驗室就必死無疑，就跟在無任何挑戰的環境中長大的小孩一樣，他們不知道要如何逃避危險。可是，你也無從分辨出這些小孩和其他小孩的神經系統有何不同之處。如果一個無菌老鼠逐漸跟抗原混熟之後，牠就能存活下來——本質上來說，牠只是缺乏一個學習機會而已。

傳統的觀點把抗體看成是直接對抗其它事物，就如它的名字所暗示的一樣。但是在七○年代早期丹麥免疫學家尼爾・賈涅（Niels Jerne）的作品中，我們可以找到另一種免疫系統的自我指導觀或網路觀，然後你就會預期說T細胞能跟身體中每一個分子形狀相結合。這就如同在法國生活的每一個側面——博物館和圖書館、咖啡和酥皮點心——之中，都一定有法國人徜徉其中一樣。從傳統免疫學的觀點來看，這是異端邪說。免疫學的創立者保羅・艾立克（Paul Ehrlich）提到自我毒害的恐慌（*horror autotoxicus*），意思是對自身回應的恐慌。他只看到免疫系統是在對抗外來侵入者。可是，事實上你能發現每一個體內的分子形狀（細胞膜、肌蛋白、荷爾蒙……等等）都有與之符合的抗體。

因此，在身體和免疫系統之間不是有自我毒害的恐慌，而是有一種「知汝自己（know thyself）」的傾向。它們兩個經由這種相互依靠來分擔責任，便可創造出全身性的平衡，只要它們經由免疫系統這個循環網路來彼此影響對方，我皮膚的分子就可以跟我肝臟的細胞溝通。從網路免疫學的觀點來看，免疫系統就是促成身體每一細胞進行經常性溝通的許可者，就跟神經元聯絡神經系統的不同地方一樣。

我曾經提過免疫系統的細胞大約兩天內可以全部汰換完畢，就跟社會中老一輩消逝新一輩浮現一樣。不過，社會是以更複雜的方式訓練新一輩的人接掌各種不同的角色。同樣的，骨髓也在一直生產所謂的幼稚的或休憩的B細胞。某些休憩的B細胞被既存的免疫網路徵召時，就會活化或訓練成特定的角色。這是系統如何更新它成分的道理。這裡就有學習或記憶會發生，因為新細胞要接受系統運作的「訓練」。新細胞並不等同於舊細胞，但是它們為了浮現的全身景象的全盤目的，而去充當同一角色。細胞休憩狀態和活化狀態的不同，對於免疫系統的內外導向的不同很重要。**外在導向的免疫系統關心的是防衛，可稱為周邊免疫系統**，主要是由休憩的淋巴球組成，細胞表層上只有少數的分子形狀。**內在導向的免疫系統關心的是分子身分或身體的自我主張，可稱為中樞免疫系統**，主要是由活化的淋巴球組成，比較大，細胞表層上也有更多的受體。所以，這兩個系統不只是能用譬喻方式來區分，也能由具體的事實判準來區分，並可用實驗來證明。

腦神經系統與免疫系統的連結

現在我們已經看到免疫系統網路的互動產生了我們身體的身分感，就跟神經系統的心理狀態產生了認知的身分感一樣。我們可以開始探討一下免疫系統和神經系統是如何在身體中合作。我在此要舉出三個例子，來說明這兩種自我如何合作。

第一個讓科學社群信服的是心理學家羅伯特・艾德（Robert Ader）所做的實驗。他用了我們很熟悉的制約概念，這是從巴夫洛夫的狗的實驗而來。根據這個理論，一個實際的刺激（食物）可以被信號的刺激（鈴響）取代，並使分泌唾液的反應照常發生。艾德便假定說神經系統和免疫系統如果真的有關聯，那麼免疫反應照理說也能被制約才對。於是，他就拿糖水餵老鼠，同時又注射一種抑制免疫系統無性複製的藥物。如此重複做一段時間後，他只要用糖水，不必用到藥劑，仍然可以產生抑制無性複製的效果。如果這成立的話，那麼舔糖水這種認知的和知覺的行為，一定有一種影響免疫系統的方式。這個實驗的確是個精神神經免疫學的案例，其突破性的發現也令整個科學社群感到萬分訝異。

第二個例子是近年來觀察閱讀障礙（dyslexia）和自體免疫疾病之間有何關聯的成果。閱讀是很複雜的大腦認知操作，閱讀障礙是指兒童在閱讀方面碰到一些把字母看顛倒的麻煩，他們往往會把b跟d混淆在一起。閱讀障礙被認為是由大腦早期發展時的問題所造成，我們這幾年也知道閱讀障礙兒童在大腦生理學上是有些不同。自體免疫疾病的產生則是因為免疫系統把身體某一部份看成是細菌，而對那部份開始進行免疫反應。譬如說，重症肌無力（myasthenia gravis）（註二）是免疫系統攻擊肌肉和神經之間的接頭處，造成運動困難和大量疼痛。自體免疫疾病有很多種，到現在醫學仍然在治療方面碰到很大的困難。

幾年前，有證據顯示大多數有閱讀障礙的兒童都有自體免疫的症候群。這兩者有明顯的關聯存在，也可以追溯到當初發展過程中某些荷爾蒙的不平衡，特別是促進性腺分泌的皮質荷爾蒙。如果在神經和免疫系統發展過程中也發生相同的功能失調，就能引發出相關的特定效果。從傳統免疫學的立場來看，這又是一個很沒道理的主張。

第三個例子是壓力的問題。壓力很明顯是跟心境和心理態度有關，也會造出一堆身體效應。問題是這個路徑是什麼？我們已經發現大腦是經由產生糖皮質激素等荷爾蒙，來對壓力進行持續性和系統性的回應。這些荷爾蒙會釋入血液，或是直接流入淋巴系統。荷爾蒙會跟淋巴球表層的受體結合，不會活化它們，也不會抑制它們。當免疫系統產生變化時，淋巴球也會產生荷爾蒙和其它免疫介質的信差。這些分子會轉而直接影響到大腦腦幹系統的特定神經元，所以這個大腦—免疫的聯結網路可以雙向往返操作。

還有一個很重要的發現是自律神經系統雖然主掌內臟的控制，像是腺體的調節和腸道肌肉的收縮，但也能夠對骨髓進行神經支配。自律神經系統是直接長入骨髓之中，並在那裡調節T細胞生產的類型和數量。這種對骨髓的神經支配會造成免疫系統的構造變化，因此也轉而造成影響大腦變化的介質的生產。這些都特別能彰顯出神經免疫互動的證明。

科學家也能追蹤到其他神經免疫互動的細部證據，這個成果很令人振奮。舉例來說，最近發現到有些淋巴球會產生所謂β內啡呔的荷爾蒙。這些荷爾蒙又稱大腦的鴉片，是大腦分泌出來的疼痛殺手。在這個案例中，淋巴球照樣可以生產大腦所分泌的介質荷爾蒙，因此它等於是在扮演一個遠距離的神經元。

這些都是神經系統和免疫系統之間漸為人知的某些通路。我們所不知道的是這些效果如何能夠這麼專一？例如我們所談到的免疫抑制或活化，這只對某些無性複製的抗體有效。同樣的，抑制或刺激神經元的介質也只對大腦的特定位置有影響而已。很明顯的，這兩個複雜腦部（神經系統和免疫系統）之間的互動關係很專一，但它們是如何演進到這種地步呢？這在今天來說是個很開放的問題。這兩個系統彼此互動的精細調節過程雖然不很明確，可是你我都很清楚這些連結確實存在。

西方的神經科學家在他們的心中已經自動把情緒、知覺或認知的狀態，和神經活動畫上等號。我們傾向把心理狀態看成是大腦區域上可測量的活動，譬如人們感受到壓力時，我們就會追蹤腦部荷爾蒙的釋放路徑。這種精神神經的對應性（psychoneuro correspondence）是神經科學的一個重要假設。

正如我們有一個神經精神的身分，當然也會有一種我稱之為免疫軀體性的身分感（immunosoma identity）。（這裡有一個有趣的語言問題。當我說到「我」時，這個標籤是為了表示出一種心理和認知的綜合物而設計。我們卻在自己的語言體系中，找不出一個能夠代表身體身分感的語詞）這個免疫身軀跟我們的認知自我一樣，也有一種全體性或包含一切的完整性。譬如我指認自己是法藍西斯科時，我是在一個綜合物（complex）上，冠上一個名稱而已。我的身體則是用功能的執行運作，來表明自己的存在。因此，我雖然忍痛割下自己的一小塊皮膚，來取代另一塊皮膚，組織仍然會拒絕。身體不會像認知我一樣把那塊皮膚當成是自己的族類。如果你仔細往身體內部的運作過程瞧，看起來是很簡單的組織卻支撐了一個時刻待命的主動過程，以便應付生活的挑戰。我們會把心理綜合物當成是認知的自我，卻不習慣把身體看成是另一種自我，但身體的運作確實有種自我感存在，只是我們一直沒有給它冠上一個名稱罷了。

回到社會的比喻好了，我每天從巴黎一位麵包師傅那兒買麵包，他的家族定居在那裡已經有兩百年了。他是社會的一部份，他也知道如何烤麵包。如果我有一天突然發現同一家麵包店中的師傅已經換人了，即使那位新師傅的手藝相同，也賣同樣的麵包，可是滋味就是不同。這是因為老師傅有屬於那個地方的味道，他在那裡有跟人長期交往的歷史，他認識那裡的人很久了，他們都有共同的語言。你是能模仿這位法國師傅，但是你若無那一段與居民來往的歷史、語言和能力，他們一樣會讓你倒店。**我體內的細胞也共享一種語言，才能讓細胞各安其所，各盡其職，**肝細胞就扮演肝細胞的角色，胸腺細胞就扮演胸腺細胞的角色。同樣的，麵包師傅知道銀行家也屬於這個社會，雖然銀行家的工作內容與他不同。

我們對身體的運作實在是太習慣了，以至於無法激賞那保持它運作的浮現過程（emerging process）的複雜性。就跟人類的大腦一樣，記憶或自我感的能力是所有神經元的浮現特質（emergent property），免疫系統也有一種保護身體的浮現功能，也有自己一段歷史，還有一個自我。所謂的浮現特質是一種剛從基層構造中演進出來的東西，不是一種早已存放在任何一處待用的東西。從精神神經免疫學這個觀點來看，身體一定也有一個概念上設定好的身分感，但卻不存在於任何一個地方。我身體的身分感不落腳在基因或細胞之內，而是位於這些互動的綜合物之上。

達賴喇嘛：

基本上，在一個已有神經系統的原始有機體中，免疫系統是不是也有相同的風貌？

法藍西斯科・瓦瑞拉：

這個問題非常好，能夠幫我們釐清整個論點。如果你去看一個單細胞的阿米巴變形蟲，那裡顯然沒有我們所謂的免疫系統。但是當你去看一個多細胞的有機體時，你就可以看到免疫系統的萌芽。在原始的有機體中，海底的海綿動物開始有最簡單的免疫系統。

達賴喇嘛：

植物有沒有同樣的免疫系統？它們會抗拒外來物質嗎？

法藍西斯科・瓦瑞拉：

它們有其它的防衛方法，如分泌毒素。單細胞也能吞食外來的分子，所以免疫系統不是唯一的防衛方式或創造身分感的途徑，它是我們脊椎動物的特有防衛方式。

達賴喇嘛：

昆蟲有免疫系統嗎？

法藍西斯科・瓦瑞拉：

昆蟲沒有免疫系統。只有脊椎動物才發展出一個完整的免疫系統。

達賴喇嘛：

當人體第一次形成時，能不能說是免疫系統比神經系統更早形成，還是正好相反？

法藍西斯科・瓦瑞拉：

它們是一起形成的。在自體免疫疾病和閱讀障礙的例子中，我曾經說過只要胚胎時期有東西出差錯，兩個系統都會一起遭殃：一個變成自體免疫，專門攻擊自己的身體；一個則是無法建立閱讀所需的認知特質。

達賴喇嘛：

你能不能說出這兩個系統在死亡過程時，那一個先瓦解？

法藍西斯科・瓦瑞拉：

從生物學觀點來看，腦死大概要花好幾個小時。在體液循環停止時，免疫系統的連結性能也同時崩潰。淋巴球大概要花一天的時間才能死光。所以，它們兩個其實都死得很快。

達賴喇嘛：

這是它們整個滅亡的結果，可是它們是同時瓦解的嗎？

法藍西斯科・瓦瑞拉：

在死亡的過程中，心跳會先停止，造成腦部的缺氧；同時免疫系統的分子對話也會停止，因為體液循環一旦停止，細胞就無法碰面。然後，神經元和淋巴球細胞就會在幾個小時內死光。所以，這兩個系統可說是同時在瓦解。從生物學觀點來看，兩個系統的身分感都會消失。這是身體的死亡。

達賴喇嘛：

快樂這種身體感受是否有涉及到免疫系統？

法藍西斯科・瓦瑞拉：

那是一個開放性的問題。就我們所知，你對於糖水刺激這個味道的知覺反應，可以被制約成一個免疫抑制的形式。到目前為止，還是沒有證據好反對心境的悲傷和喜悅能夠有特殊的免疫調整效果，而且我們大多相信這種事是真的。不過，也沒有實驗證據可支持這一項主張，畢竟這種短暫的感覺很難測量。我們只能測量一些非常實質的東西，像是壓力。

達賴喇嘛：

感覺完全是神經適當聯結和運作的東西嗎？如果你全身麻醉，或是假設你拔除了所有神經，那麼骨頭和肌肉還有任何感覺的能力嗎？

法藍西斯科・瓦瑞拉：

就我們目前所知，如果你切斷或麻醉所有通到我手部的神經，我的手就不會有任何感覺。然而，假設手是意外燒傷的話，我的軀體性心識（soma mind）馬上就知道，而且會做出非常明智的反應。譬如它會提供發炎反應，以保護受傷部位。它會修復細胞和增生新組織。免疫系統是用保持和諧的方式來反應。所以，當神經系統的心識沒有察覺時，其它系統的心識會做出明智的反應。

達賴喇嘛：

但是這個人難道都沒意識到痛嗎？這是很重要的一點：佛教徒講到身體覺察（body awareness）時，這個人必須察覺到身體的狀態。

法藍西斯科・瓦瑞拉：

根據我的瞭解，佛教傳統的身體覺察是一種在身心事件中運作的辨識機能。

達賴喇嘛：

我打個粗淺的比喻來說明。假定你摘下植物的葉子，它沒什麼感覺，但它卻能採取某些防衛措施。

法藍西斯科・瓦瑞拉：

植物其實只有再生的能力。可是，我們身體的功能就遠比植物複雜多了，才能超越植物組織簡單的直接反射，而爬升到心智這種較高階的演化狀態。

達賴喇嘛：

所以，你提的問題是身體的身分感是什麼？

法藍西斯科・瓦瑞拉：

是的。**身體實際上有一種調節自身存在的智慧**。就拿你體內循環的各種荷爾蒙來說，是誰在控制荷爾蒙的水平量？這個水平量大部份是由免疫系統來調節。舉例來說，如果我的身體在運動中受到壓迫時，身體自己就會知道它需要什麼，並決定哪種荷爾蒙要增加或減少。所有這些身體智慧的功能運作都不需通知另一個以語言意識為中心的自我，這就表示它是一個很重要的自我。

達賴喇嘛：

你的意思是說人類有兩個平行的自我。

法藍西斯科・瓦瑞拉：

我的意思正是如此，沒錯。一個自我是我們平常稱呼慣的；另一個自我則是完全沒有言語可以形容它，所以我們只能經由它的運作成效來認識它。所以，很多人類的傳統都提過身體的智慧，而神經免疫的連結也許就是一個了解傳統智慧的科學角度，這是很有趣的一件事。

生理妄想和心理妄想

達賴喇嘛：

為什麼免疫系統有時候會沒事攻擊自己家族的細胞？自體免疫疾病又為何會有致命的危險？

法藍西斯科・瓦瑞拉：

這很難解釋，因為有很多種原因。有些人比較容易得到自體免疫性疾病，也查出很多案例是基因成分在作怪，但不能說整個情況就是如此。因為，這種病顯然跟人的正常運作有微弱的關聯，不管是在純粹心理的層次，或是在「身體的心識」這個層次。

免疫系統保障身體能存活在這世上。如果你膽敢干擾免疫系統的話，即使是處在無感染的防護罩內，照樣會倒地身亡。你的身體會開始分解，這種情況在狼瘡病患身上尤其明顯。細胞開始自己玩自己的，不再相互協調了。但是，身體這個龐大工程可是動用了百萬個各式各樣的細胞才能協調出來，就跟一個由百萬人口組合而成的國家差不多，也唯有如此合作協調，才能讓麵包師傅繼續賣麵包，銀行家繼續搞金融，舉國上下才不會陷入無政府的狀態。這種協調的角色（coordinating role）正是我們所說的心識的意義所在。

由於傳統醫學是採用古典免疫防衛學的觀點，所以它不知道要如何治療自體免疫性疾病，因為這種疾病是自我感輕微不協調的典型案例。在一轉眼之間，原本彼此要交往對談的身體成員就變臉了，變得多少有點異鄉人的味道。這就好像一個社會族群變得不與人來往了，他們與社會的關係也變成很具侵略性。最適當的治療方式可以說是讓他們重返社交生活，以提供更多的社會連結。因此，有些病人就是因為大量注射捐贈者隊伍的抗體，才能把病治好。

最近治療的新趨勢就是把身體那些被排外的部份重新納入社交網絡。這在用來治療重症肌無力的老鼠時，獲得很大的成功。為了進一步加強既有免疫系統和受影響分子之間的聯絡，大家都知道要注射B細胞和抗體。在這個肌肉受體出差錯的案例中，有百分之九十的老鼠都治好了。你就像是替這些欠缺社交往來的族群，打開了一個新的對話方式，他們也因此能重返身體的和樂圈子。因為這種和諧化的工作需要創新、記憶、認知、學習和選擇性行動，所以整個諧和和調節的過程是認知性的。那也就是我為何認為第二個腦部的說法一點也不誇大的理由所在。

達賴喇嘛：

既然免疫系統能夠攻擊自己家族的細胞，那它能治療身體嗎？

法藍西斯科・瓦瑞拉：

如果你只想用心理性心識和大腦來治病，這是不可能的事，除非心理性心識願與生理性心識交談，才能用一種明智的方式，把那些交談的訊息落實在身體的功能調節上。譬如癌症的自我消褪就需要一種免疫系統的智能，才能完成這麼複雜的身體作業。我們卻從來沒意識到有這回事存在，但是我們卻常常看到它發威的成效，所以我們才能這樣安然住在身體之中。我對於我們機體的複雜性不禁興起由衷的敬佩和尊重，可是我們卻視之為理所當然。

丹尼爾・布朗：

從身體的觀點來看，自體免疫疾病是一種妄想，才會使身體連自己的細胞都不認識。從心智的觀點來看，這種妄想為何會存在呢？

達賴喇嘛：

雖然，佛教說到身體的自我覺察，妄想只能在智能操作中呈現為一種心理認知。所以，妄想不能呈現在感官覺察中，只能呈現在心理覺察中。妄想不能在感官層次上顯現，因為那種認知智能不在感官層次上運作。

莎朗・沙茲堡：

我在想這跟自體免疫疾病是不是很類似，我們由於無明的緣故，也不會把別人當作自己，就跟身體不認識自己的細胞一樣。當我們欠缺一體感，無法認識到大家的完整性時，就會開始摧毀我們自身，就跟身體不認識自己的完整性，而執意要攻破那一部份一樣。

法藍西斯科・瓦瑞拉：

這是個非常有趣的比喻。

丹尼爾・高曼：

看起來，我們所要達成的共識是我們可以從細胞的作為之中，學到一種緣起法（Dharma）——這可作為倫理系統的生物學基礎。

註釋：

註一：疫苗是從病毒的碎片、殺死的病毒或殺死的細菌中製造出來，其細胞表層仍然保有獨特的分子標記。一旦這些中和過的感染病原注入人體或口服時，免疫系統會把這些殺死的細菌、病毒或病毒的碎片，當成是感染的活經紀人。因此，身體會針對這些從前沒在實際感染中碰過的分子形狀，發展出抗體。以某種意味來說，疫苗產生了一種愚弄式的感染（mock infection），這是一種讓免疫系統在真正威脅來臨前備戰妥當的消防練習。

註二：重症肌無力是一種肌肉慢性失調的病症，症狀有虛弱和容易疲勞。這個病大部分是發生在年輕人身上，發生原因是引發肌肉收縮的化學物質無法傳遞給肌肉受體。頭部和頸部的肌肉最常被波及。

4 大腦和情緒

右腦調節較負面的情緒如沮喪。左腦調節較正面的情緒如快樂。

引言人：克里夫‧沙隆（Cliff Saron）／理察‧戴衛森（Richard J. Davidson）

過去十年來，學界有一連串令人振奮的發現，使得我們比以前更能了解大腦調節情緒的過程。很久以來，大家都假定情緒中心位於環繞著大腦皮質下方的一系列結構（譯按：這些結構主要是顳葉、杏仁核、杏仁—海馬、海馬）之中，這些結構統稱為邊緣系統（limbic system, *limbic* 的拉丁文意思就是「環狀物」）。最近也有一些神經學的資料指出情緒衝動在邊緣中心產生後，就交由額頭後方新演化出來的前額葉皮層（prefrontal cortex）控制情緒衝動的表達方式。

而且，前額葉皮層的兩側似乎分別調節兩組不同的情緒反應，像右側是調節比較令人沮喪的情緒，這些恐懼或厭惡的情緒會讓人退縮；左側則是調節比較正面的情緒，如快樂。這些神經科學的發現算是一種背景知識，可以幫助我們瞭解情緒生活的整個動態。我們的情緒和處理情緒的方式，可以說是被這整個腦部的神經網絡線路所控制。

理察・戴衛森是威斯康辛大學情感神經科學（Affective Neuroscience）實驗室的主任，他的同僚克里夫・沙隆向大家報告他倆合作過的各式實驗，以詳細揭露大腦組織我們情緒實體各個側面的過程。沙隆先說明「情緒」的意涵很模糊，再解釋說不同的理論模型如何塑造出各式研究情緒和大腦的方法。然後，他檢討了他們實驗室一連串的重要發現，好讓大家能夠領悟大腦調節正反兩面情緒的過程。情緒的親近或退縮傾向（approach or withdraw-tendencies）跟佛教的貪愛和厭離概念也很相近，都是我們在此世間存活的基本情緒電極（emotional poles）。

克里夫・沙隆：

情緒這個字眼的意涵實在很難做個嚴格的界定。在心理學中，這個字眼是用來描述一個人在許多不同層次上的反應，其中一個是認知的層次：在某個特殊感覺狀態中生起的判斷和思緒。我們也能從行為的觀察來描述情緒：憤怒或溫和的姿勢、聲音的語調。另一種界定情緒的方式則是從臉部表情下手，因為你在那一刻感受時自動綻放的表情，會特別有助於我們釐清你所感受到的情緒。

在生理學層次上，我們能夠描述情緒反應的兩種成份。第一個是個人察覺到的身體感覺，如事件發生之前的焦慮感。這種感覺通常涉及到控制自律神經系統和荷爾蒙釋放的低等大腦中心。第二個生理反應是發生在大腦皮質，這個情緒反應層次是我們研究工作的焦點所在。

我們也把親近和退縮看成是描述機體行為和區分各類情緒的基本方式。譬如說，快樂的心情會促發你去找你樂於見到的人。恐懼和厭惡則是退縮行為的典型案例。這種親近和退縮的行為可以跟腦部兩側的活動產生聯繫。過去十年來，我們實驗室研究出腦部左側的前方區域跟親近行為比較有關聯，右側區域則跟退縮行為比較有關聯。

我們一直要把親近和退縮行為跟腦部的兩側建立聯繫，是因為腦部每一側的傷害都會造成不同的情緒影響後果。

十九世紀中葉，神經學家約翰・胡林・傑克森（John Hughlings Jackson）指出飽受癲癇之苦的患者，經常在發作初期表現出恐懼這種退縮性的情緒，而且其腦部的右前方區域有活動增強的跡象。有些患者在腦部受傷後，右側活動量就大幅減少，以至於情緒陷入癲狂或正面得離譜的地步。這些觀察後來變成專門在講腦部兩側為何會有不同情緒職掌或情緒性格的新理論。腦部右側如果過度活化時，似乎會增進退縮的行為；右側活化能力若是受損或抑鬱時，則會增強親近行為，這是因為左側大權在握，不需右側來平衡。

心理學考量情緒的方式也有兩種截然對立的觀點。第一種觀點認為人類就只有那麼幾種分立（discrete）的基本情緒：快樂、悲傷、憤怒、厭惡、驚奇和恐懼。差不多在二十幾年前，洛杉磯的加州大學有位保羅・艾克曼（Paul Ekman）教授提出很多文件檔案，來證明不同文化的面部表情都有共通性。他之所以從事這項研究，主要是受到達爾文《人與動物的情緒表達》一書的啟發。艾克曼一開始是研究西方人和新幾內亞原住民的面部表情，他要求受訪者除了辨認各種面部表情的圖片之外，還要把自己的情緒狀態在面部實地表演一下，結果發現某些基本情緒的表達方式非常相似。

這種分立情緒的模式後來受到次元觀點（dimensional view）的挑戰：特定的情緒狀態只是標示出它在從親近到退縮或是從快樂到痛苦的連續體中所佔位置。在科學心理學中，分立的觀點和次元的觀點都很盛行，因為這兩者都還不健全，於是我們的研究就同時採用兩者的元素。

在某個特殊的實驗中，我們用來評量情緒的方法就隱含了這兩種模式。如果我們要求受試者評估他們感受的悲喜程度，我們就是在用次元的觀點。如果我們分析面部的表情是快樂或厭惡，那麼我們就是在用分立的觀點。而且，我們無法同時去分析情緒定義的各種不同側面，就跟我們無法同時標定出身體所有免疫細胞的位置一樣。

所以，我們的實驗略微簡化了情緒問題的複雜度。我們使用三種不同的進路來研究大腦活動和情緒的關係。首先，最基本的進路是把人帶到實驗室來，並希望我們在測量他或她的大腦活動時，能夠引出他們特定的情緒反應。第二個進路則是對一大堆人進行評估，以辨認出他們在性格和憂鬱等情緒機能上的差異點，並且要同時檢查他們的腦部活動是否也有所不同。第三個進路正好反過來進行，我們先把腦部活動一直是截然不同的人找出來，再檢查他們的情緒機能是否也有不同點存在。我們的實驗包含了每一種類型的進路。

捕捉情緒

我們把人帶到實驗室來，並且給他們看一些設計來引發他們特定情緒的影片。我們會給他們看激起愉悅感的影片，像是小狗跟花在玩，或是大猩猩在動物園中洗澡。我們也給他們看那種會激起負面情緒的影片，像是三級燒傷受害者和外科切除腿部的醫學訓練影片。我們因為和艾克曼合作這個研究計畫的緣故，才會讓他們看這些很特別的影片，以便引發出那些艾克曼早先研究過的面部表情。當受試者在看影片時，我們會拍下他們的面部表情，同時也會記錄下他們的腦部活動。我們使用一套能從面部表情解讀出情緒狀態的系統，因此我們就能判別出這個人的感受是厭惡或快樂。我們不是單憑著對於厭惡或快樂的主觀認定，而是仰仗艾克曼對各種基本面部表情特徵的長年研究，才敢來詮釋這些面部表情。

當你把臉當成情緒的顯示儀時，你需要察覺到三種可能性。你能夠有傳達不出任何感受的表情出現。比如說，**笑的形式會因應各種社會環境，而有所不同。有些人也許就是擠不出表情。有些人即使是在獨處時，也禁止自己出現憤怒的表情**。因此，你必須確定這些刺激物確實能引出你所要檢查的表情才行。所以，我們不僅要用影片引出觀看者的情緒，也要用他們面部表情的錄影帶來測量情緒。

第三種測定手段就是測量大腦活動，這個過程比較複雜。我們用一頂特殊的帽子來記錄受試者的腦電圖，以測量頭部各區域裡非常微小的電位活動量。當然，這只能代表腦部活動的一小部份；它跟由聽筒器聆聽心跳聲有著很大的不同。

電位訊號是幾百萬個神經細胞結合起來的活動成果，它們所製造出來的「噪音」則是我們可加以利用的性質。當皮質某區域沒有主動參與訊息的形成時，它會產生每秒約十個周期的頻率擺盪。而且，電位活動每一瞬間都在改變，腦部表層各區域的擺盪特性也會視個人在當下的心境類型而定。

在我們用伏特計算的總電位活動和它所代表的腦部運作意義之間，有個區別存在。並不是說伏特愈多，腦部活動就愈多；你必須看整個模式來決定。比如說，人們總是認為光線射入眼睛時，會使光線—色素細胞更加活化。當我們終於能測量出它們的電位活動時，反而發現光線對這些細胞有抑制的作用。在這個案例中，伏特數減少意味著東西的能見度提高，也就是說，電位活動的減少反而讓細胞更能投入腦部的運作。

無論如何，當神經細胞休息時，它們會製造出特定的擺盪模式。當神經接受輸入項，並且忙著跟其它區域進行訊息溝通時，擺盪就會停止。於是，我們就想測量這些快樂和厭惡表情之間的電位擺盪。因此，我們要求他們看完影片後，先得評定一下他們經驗的悲喜度，才能讓研究結果標準化，並足以不偏不倚地反映出快樂和厭惡的強度。這兩種面部表情最明顯的差異就發生在厭惡時，腦部的右前方區域會投入更多的活動量。

我們測量過的每一個人在厭惡時，其腦部右半球的投入量總是比快樂時高，即使是只高一點點也算數。當人們只是坐著休息時，他們正常的腦部活動也有大範圍的變動。對於那些在這個變動範圍某一端的人來說，即使在厭惡時，左半球總是比右半球的活化程度高。對於另一端的人而言，即使是在快樂時，右半球總是比左半球的活化程度高。所以，我們等於是在處理一種很微細的變化，以及非常大的個人差異的範圍。

嬰兒的微笑

我們想要找出這些左右半球的差異是後天學來的，還是天生就有的。所以，我們對一到三天大的新生兒也做了類似的實驗。我們不是給他們看相同的影片，而是給嬰兒嚐一下甜糖水和酸萊姆汁，以觀察不同面部表情時的腦部活動。雖然我們無法知道他們真正的感受，但是我們可以描述他們對甜味顯現出有興趣的表情，對酸味則是一副厭惡的模樣。

我們特別設計了一頂小電極帽，來測量嬰兒腦部前後區域的電位活動。這個新生兒的研究結果跟大人的實驗結果很類似。在厭惡表情時，右前方區域比較活化；在有興趣的表情時，左後方區域的電位有些微變化。這些結果宣示了這個現象屬於我們的生物組合，而不是從社會獲得的。

十九世紀時，一位名叫波羅列的杜薛涅（Duchenne of Bologne）的解剖學家分析了面部肌肉的活動，也觀察到快樂的純正表情有兩種成分。在一個純正的微笑中，眼部周圍的肌肉會拉緊，眼角會有魚尾紋出現；然後是臉頰的肌肉會把嘴角往上拉，形成微笑的酒窩。杜薛涅拿電流來刺激面部肌肉的收縮，便找到一種產生不純真微笑的方法。

後來，我們跟一位發展心理學家蘭珊・福克斯（Nathan Fox）合作，進行一個十個月大嬰兒微笑活動的實驗。我們把小孩放在椅子上，並拍下每個小孩在媽媽接近時自然微笑的情形。但是輪到陌生人接近時，小孩就比較常顯示出不自然的微笑，因為它沒有牽動到眼部肌肉。

在大人的實驗中，我們改而測量腦部兩側前後區域在兩種微笑狀態時的活動情形。在做作的微笑時，右半球前方區域的投入量增加；在由衷的微笑時，左半球投入量較大。這個差別在前方區域會比後方區域來得大。要記得由衷的微笑是由媽媽接近而來，所以親近和退縮的概念也可再次應用在腦部狀態上。而且當嬰兒顯示出由衷的微笑時，他們左前方區域的活動量會激增，比起做作微笑時是高多了。

憂鬱的傾向

第二個研究情緒的進路是在人們情緒機能運作的基礎上，將他們分組以研究腦部活動的差異處。在下個實驗中，我們要考量那些憂鬱的人，因為腦部左側受損的人特別容易憂鬱。如果左側完全損害的話，那它就無法制衡右側的活動，就會使人經常處在負面的情緒狀態。

我們曾經比較過憂鬱者跟無憂者的控制團體，而且是趁他們靜靜坐下來張眼三分鐘後再閉眼時，來測量他們的腦部活動。因為，我們想找出左右側前方區域之間的既有活動中，是否有差異或不對稱的地方。

對於憂鬱的人而言，右半球是比左半球活化，但在控制團體中，左半球卻是比右半球活化。所以，我們有個基本發現，在一群缺乏感受親近情緒能力的人當中，左前方區域比右側受到較多的抑制。另一個思考這個事情的方式則是那些憂鬱者的退縮系統比親近系統還要活化。

這些腦部的差異不是說一直跟個人那一刹那的情緒狀態相關聯。在另一個實驗中，我們觀察的對象曾經有過憂鬱症的病史，可是現在已經不會了。他們腦部前方的既有不對稱情形，跟現在有憂鬱症的人比起來很類似。這些發現暗示了在腦部左右側之間的不對稱是代表一種情緒反應的傾向，而不是情緒反應本身。的確，其它的實驗也顯示出我們能在兩個半球之間既有的不對稱基礎之上，預測某人看影片時的反應會有怎樣地欣喜或悲痛。

抑制的性格

有些小孩的性格非常不會抑制自己的衝動，並且會主動接觸他們的環境。其他小孩則比較會壓抑自己或是很謹慎小心；他們就會黏著母親，少跟其他小孩玩。在另一個實驗中，我們很有興趣要看這些小孩的性格差異，是否會在大腦活動中也找到相應的差異點。

我們研究過三六八個兩歲半的兒童。我們把小孩帶到一間玩具室中，跟他或她的媽媽還有其他的母子檔一起玩遊戲課程。我們會測量小孩離開母親身邊而去接近玩具所要花的時間有多久，也會追蹤小孩什麼時候第一次開口說話，以及說了多少話。我們也會在室內放一台會說話的玩具機械人，然後再換成一個陌生人，並記錄下小孩接近或撤離他們身旁的情形。

後來，我們指認出三十個壓抑最少的外向型小孩，他們待在母親身旁的時間不到百分之一；我們也指認出三十個最謹慎畏懼的小孩，他們待在母親身旁的時間至少佔了百分之八十。我們也挑出三十個中間範圍的小孩組成一個團體。我們為了要看這些團體之間的腦電位活動是否有差異存在，便把他們帶到實驗室去，並且盡可能讓他們靜靜坐下來，以測量他們的腦電圖。我們為了要他們乖乖坐好，便讓他們坐在玩具車中，並拿腦電圖帽充當賽車帽，然後要他們專心當個賽車員。

壓抑少的小孩急著要接近玩具，就顯示出一種左半球涉入程度較大的模式。壓抑多的小孩則比較會退縮，就顯示出一種右半球涉入程度較大的模式。中間團體的結果則是介於這兩個團體之間。

這些團體的主要不同在於左半球活動的水平，因為右半球的活動水平造成不了任何有意義的差別。壓抑多的小孩顯示出左前方區域的活動量減少，可能是反映出他們的親近系統較難活化。在壓抑少的團體中，左前方區域的活化程度激增。所以，腦神經的投入量(involvement) 顯然具有一種性格的功能 (譯按：神經系統的強度、靈活性和均衡性是性格的生理學基礎，因為神經系統這三種特性的差異程度與性格特點的形成有關)。

「左右」有別

最後，我們要在他們腦部活動的基礎上進行分類，然後檢查他們情緒上是否有不同之處。我們要知道左前方區域活化度較高的人是否都比較快樂，右前方區域活化度較高的人是否都比較憂傷。

我們選擇了兩個團體，他們在兩種情況中都一直顯示出左側或右側的極端活化性質。然後，我們會要求他們塡一份評量表，以確定他們平常是感受到正面的情緒，還是負面的情緒。

腦部左前方區域活化度高的人在一般情況中或是回應挑戰時，都顯示出比較多正面的情緒。而那些右半球比較活化的人則顯示出比較多的負面情緒反應。所以，每個人在情緒品質上看起來都有所不同，即使是只在既有的腦部活動的基礎上選擇時也是如此。我們無法說出是那一個先來，但是腦部右側活動一直亢奮時，那個人就會一直感到生活很糟糕，比起左側活化度較高的人來說是悲慘一些。

如果真是這樣的話，對於伴隨右半腦持續性投入而來的長期性負面情緒來說，也許會出現一個滿健康的後果。為了要看出那些依據腦電圖選出來的人是否在免疫反應上有所不同，我們也抽血檢驗了他們免疫系統的某些成分。

殺手細胞的細胞毒性是它們摧毀外來成分的有效因子，這種毒性在左半球活動較高的人身上比較強。我們不知道這個團體是不是比較健康，只是資料上說他們的狀況應該是比較好才對。我們正在蒐集相關資料以決定這一類人是否事實上有比較良好的健康史，雖然健康上的任何差異現象大概都不會這麼快出現，除非到了生命後期時才會出現吧！

杏仁核（amygdala）

最近也有證據顯示，其它腦部的結構在控制情緒這件事上也佔了舉足輕重的地位，如杏仁核（amygdala）就是其中之一。這些結構不在大腦皮質上，而是位於腦部組織的較低部位。紐約大學的神經科學家喬瑟夫・雷杜克斯（Joseph LeDoux）已經研究出感官訊息溝通的兩種獨立管道：一種是直上大腦皮質，另一種則是經由丘腦到達杏仁核。這種與杏仁核的聯繫十分快捷，但不精確，因為大部份的感官資訊都走另一條管道，直上新皮層，然後經由幾條回路進行分析，以形成處理情緒的反應。

當新皮質還在慢吞吞分類時，杏仁核已經在迅速處理這些感覺資料，以辨明其是否有情緒意義，又能否扣動反應機制。因此，情緒很難控制的原因就是因為杏仁核老是趕在新皮質的思考過程之前，就輕率啟動了腦部其它部份的運作。

因為杏仁核既與控制自律神經的腦部組織，又與負責意識經驗的皮質同樣具有多樣化的聯繫。所以，就有人說杏仁核既然在情緒生活中扮演一個重要角色，那它就應該是一處大腦皮質與自律神經的匯合（convergence）點，才能在大腦思維弄清楚發生什麼事之前，就已經用恐懼這一類的強烈情緒，來動員身體的應急資源。

科學家也發現額皮質和杏仁核之間有解剖學上的聯繫。從最近的實驗來看，這個聯繫有一個重要功能：額皮質可以調節或關閉杏仁核的情緒反應。譬如我們晚上走路時，會被我們看不清楚的東西嚇到。可是，一旦我們看到它是無害的，我們就能抑制先前產生的恐懼感。在這種調節過程中，前額皮質似乎扮演一個重要的角色。那些左側前方活化度較高的人最好一開始就關閉他們的杏仁核，負面的情緒才不會逗留不走。

達賴喇嘛：

也就是說，腦中有引發情緒的前意識活化作用（preconscious activation），只有在那之後，你才能領悟到什麼事發生了？

克里夫．沙隆：

是的，這就是我所講的主旨。實際上，最近也有資料顯示右杏仁核受損害的人，不能體會到那種適量的負面情緒。但是他們的左杏仁核是好的，因此他們有一般的正面情緒。

達賴喇嘛：

當你說某些情緒（如快樂）對生理健康有益，其它（如厭惡）則有害時，這跟腦部各區域的活動量相吻合嗎？

克里夫・沙隆：

腦部活動的差異跟免疫系統的差異有關聯，但是我們不知道這些差異如何對健康造成影響。那是一個很重要的區分。

達賴喇嘛：

身體的和諧或平衡不會被健全情緒（如快樂），而會被不健全情緒（如瞋恨）所干擾，是真的嗎？

克里夫・沙隆：

有一部份是真的。要知道平衡是真的非常動態性的，這點很重要。世上沒有完美的狀態。我們可以對完美和平衡做個很有趣的討論，但是生物系統是非常非常有彈性動態的。在正面情緒中也許有同樣大的干擾：干擾（*disturbance*）這個詞有一個不適當的負面意涵。然而，腦部右側能影響其它荷爾蒙分泌的結構，促進身體某些部位的加速崩潰，這倒是真的。如果腦部右側習慣性過度活躍時，習慣性負面情緒狀態和不健全化學物的分泌量增加這兩者之間便有一層關係存在。

約翰在哪裡？

克里夫・沙隆：我們稍早曾經講到一些普遍性情緒，他們有相關聯的面部表情。我在想佛教心理學中是否有一組數量有限的感覺狀態（或是任何你用來當情緒對應物的術語），只要組合起來就足以解釋我們大部份的情緒經驗？

達賴喇嘛：你是在問有沒有任何基本情緒的存在。當你引入一個外來語時，也就在佛教架構中形成一個外來概念，這令我非常難以回應。在藏語中沒有可翻譯為英文「情緒」這樣的字眼。可是，如果我們講到情緒的某個範疇時，像負面的情緒就是煩惱（*kleshas*），那麼我們就肯定有六種基本的負面情緒，但是這裡用英文的情緒一詞還是很難處理。這六種主要情緒是貪、瞋、癡、慢、妄見、疑。

當你稱癡是一種情緒時，這些術語就變得很令人懷疑了；而且癡又可細分出一些範疇。有一種癡就是愚癡無知，你說這是一種情緒，那就未免太薄弱了。此外，癡也有一種比較動態的形式，那包含了很多理解實相的錯誤模式。你也許可稱它們為情緒。

克里夫・沙隆：

法王，我在想有沒有任何方式可以將誤把現象當成真實存在的癡愚類型跟情緒的概念相關聯起來，並查清楚它們在執著中所扮演的角色？

達賴喇嘛：

情緒這個詞的意涵太模糊了，實在很難加以討論。我們已經確認過佛陀有很多種情緒。如果你細細審查這些負面的情緒，如執著、敵意等，那麼你就可以看出把現象誤以為真實存在和這些負面情緒之間一定有關係存在。也就是說，這些貪、瞋的情緒是在把既有對象執持為真實存在的基礎上生起。如果你恨一個既有對象，瞋心就會在把那個對象執持為真實存在的基礎上生起。

這裡有一個例子：想像你對一個叫做約翰的人感到恨之入骨的地步。當你把憤怒聚集在約翰身上時，你是在對什麼憤怒？你只是在氣約翰他自己。這個內在存活的約翰是你憤怒的對象。如果有人向你挑戰說「**約翰在哪裡？約翰是他的身體，還是他的心識？**」你難道沒有一些失去追獵目標的感受嗎？你就會被帶回事情的原點。我們對執著也可做出同樣的解釋。

李義雷：

為何我不能只是說我很氣約翰這麼傲慢或那麼自私？這跟約翰的身體或慈悲都無關；

我只是厭惡他那種人格品質而已。

達賴喇嘛：

那很好！（笑聲）用那種態度對待約翰的錯誤也沒什麼不對，因為那很真誠，只要你同時希望約翰能平安喜樂就好。

莎朗・沙茲堡：

所有的情緒都可分成親近和迴避兩型嗎？

克里夫・沙隆：

我不是說每一種情緒都是親近或退縮的例子，但在科學研究時，這種分法有助於我們思考一般而言的情緒。

達賴喇嘛：

所以，你是說執著或貪愛在這一頭，敵意或厭惡在另一頭，而兩者都是基本情緒嗎？那懷疑呢？或是平靜呢？你會認為平靜不具有情緒性質，或說它是一種中立的情緒嗎？你如何分別情緒和其它認知活動？它們的規範是什麼？

克里夫・沙隆：

拿我們的常識用語來談情緒很容易出問題。用西方科學心理學的話來說，懷疑不會被認定是一種情緒。可是，它當然是我們可以辨認的一種感覺狀態。當你說「懷疑」時，我知道你在說什麼。

達賴喇嘛：

舉個例子，就拿第一次經歷懷疑這種窘境的人來看好了，這個人可能就是位科學家喔。（笑聲）那麼，他就會運用理性和實驗數據來設法消除漫天疑雲，以獲取一個清晰的信念。可是，強烈的確定感和濃厚的信念又算不算是情緒呢？

克里夫・沙隆：

當然，自信和自傲都能算是情緒的一種。

達賴喇嘛：

那是說確定感本身就是情緒，還是說情緒跟確定感同時生起？

克里夫・沙隆：

你對實驗的正確結果可以保持中立的態度。然而，科學家對研究會下很多承諾，所以也非常渴望能找到問題的解答。你也因此會非常執著你的實驗假設，一旦它被你證明為真，你就會感到情緒上有股大推進的快感。

達賴喇嘛：

我不是指執著或貪愛，而是在你心中根據先前的推論，而能確實生起的推理性洞察，它有時候也算是一種同情性的瞭解。假定你的假設已經被人證明是錯的，你一定會很失望，但是你的實驗結果卻很簡單明確，你覺得這再確定也不過了。那也是一種情緒狀態嗎？

克里夫・沙隆：

失望是一種情緒狀態，但洞察就不能算是。

達賴喇嘛：

所以，你的意思是認知的確定感本身不是情緒，但是得意洋洋和沮喪萬分的情緒卻可與確定感同時生起？

克里夫・沙隆：

是的。情緒是對扣動它的事物起反應而有的感覺。我們剛講的是科學家體驗的案例，你也可以把案子換成是中彩券的情形，這個情況也很簡單明確，你也會得意洋洋和沮喪萬分。

達賴喇嘛：這好像把情緒化約成快樂和不快樂兩種而已。有沒有比那還多的東西？情緒是什麼？

丹尼爾・布朗：**情緒至少要有三個要素：身體感受、認知或思緒、表達性的反應**。假如你只有身體感受，沒有思緒來分別感受是何種情緒的話，那就不能算是情緒。如果你只有思緒，卻無身體感受，那也不能算是情緒。

達賴喇嘛：不是有人身體失去感覺能力嗎？那些人就毫無情緒可言了嗎？難道不會有人身體完全癱瘓，毫無知覺，卻仍心懷恐懼嗎？

法藍西斯科・瓦瑞拉：癱瘓的人仍有感受到情緒是很確定的事。雖然我們通常把情緒跟身體感受連在一起，若是單只靠認知部份，還是足以構成情緒經驗，不過神經介質也許就無法把內臟效應傳達到大腦意識之中。所以，我們雖然講三個要素，可是其中有一項要素較弱的話，你可以仍然享有相對有效的情緒。

丹尼爾・布朗：

是的，只要其中一項要素多擔待一些就可以了。

克里夫・沙隆：

艾克曼研究過一些顏面麻痺的人，他們無法用表情來溝通，所以心情很緊繃，可是很多人根本不曉得他們有這樁心事。如果要用實驗證明與情緒相應的腦變化，不會因為面部表情的問題而有所改變的話，我認為這完全可行。可是，情緒是一個非常複雜的概念，因為它不只包含了這三個要素，還有三者之間的關係，以及三者的時間發生次序。比如說，我是因為覺察到身體變化，才能辨認出像恐懼這種情緒嗎？有一派情緒理論［譯按：此指詹郎二氏情緒論，此論認為情緒並非由外在刺激所引起，而是起於反應時身體上的生理變化。因此，情緒歷程是先有引起知覺反應的刺激情境，再由刺激引起身體反應，對此反應的覺知才在中樞神經產生情緒經驗。此種解釋已不符合現代生理學的知識，因為恐懼、憤怒的生理反應都很雷同。］就認為前意識的反應會先引發身體反應，然後才會形成意識的覺察。

莎朗・沙茲堡：

我在聽這演講時，突然想到克里夫所描述的親近和退縮情緒，在佛教系統中都可視之為圓滿的和不圓滿的。我們對一個對象可以有圓滿的親近情緒，譬如有些臉蛋會吸引人靠近，我們也可以有不圓滿的親近情緒，如貪婪。同樣的，我們能有不圓滿的退縮情緒，如懶惰，或是很圓滿的退縮情緒，如良知限制我們的行為。

達賴喇嘛：

圓滿的心理狀態也可伴隨寧靜感而來。它能夠切入這個系統嗎？（停頓）為什麼每個人不以神經科學來回應呢？

丹尼爾・高曼：

人可以親近或迴避寧靜。我認為這個系統不能處理寧靜；它不適合。

法藍西斯科・瓦瑞拉：

我要重申一遍論點所在，迴避和親近只是從神經學觀點來研究情緒的某個層面而已。它無法包含一切，但它相對簡單多了。這就像是在研究人是夢是醒一樣；這不是說人類就只有這兩種心理狀態，而是它們提供了戲劇性的對比。所以，這裡本來就沒有嘗試要把每一件事搞定，有很多事情就是無法配合。問題也有一部份是出在情緒一直沒有一個公認的分類方法，或是一個很清楚的定義。在西方文化中，情緒剛好有一大片可以測量的範圍。心理學的方法可以測量和分類情緒，這跟語言的研究進路不一樣。如果你測量腦活動，你可以注意到迴避反應，但是你測量腎上腺素的分泌量時，你又會發現另一組範疇。

丹尼爾・布朗：

真正的麻煩是主觀的感覺狀態太難加以測量了。可是，面部表情的表現方式和其與腦活動的關係就比較容易測量，因此科學就比較著力於此。

法藍西斯科・瓦瑞拉：

法王，是否可能存在有一種不帶一絲情緒的純認知？或是說，這種認知不會帶有心理煩惱或擾人情緒？

達賴喇嘛：

不帶有心理煩惱的認知當然是有可能的。可是，任何一種認知都會帶有某些感受，不管是快樂的、不快樂的或中立的。

法藍西斯科・瓦瑞拉：

除了感受之外，有沒有任何像情緒的感覺調子？

達賴喇嘛：

感受是五種遍行的心理因素（譯按：五種遍行的心理因素即是：作意、觸、受、想、思）之一，這裡面它最適合被翻譯為「情緒」。

法藍西斯科・瓦瑞拉：

我之所以會問這個問題，是因為西方有一種想像認知可以不具任何情緒調子的趨勢。最典型的例子就是科幻小說的機器人，智能很高，又有許多認知能力。它們能夠干擾、演繹、記憶和一般化，但是它們完全沒有感受和情緒可言。我認為它們代表了情緒不必然要介入認知的觀點，也就是說情緒和認知可以彼此疏離。

達賴喇嘛：

我會臆測它們真的是實際上只有認知而已嗎？還是它們也有感受，自己卻不知道？

丹尼爾・布朗：

感受，但不是情緒？

亞倫・華勒斯：

西藏文化中沒有情緒這個字眼。

心性的真實本性是寂靜

達賴喇嘛：

有沒有什麼理論學派是說寧靜不是情緒，快樂和悲傷才是？

克里夫・沙隆：

西方心理學家幾乎沒有花時間討論過寧靜這個字眼。

丹尼爾・高曼：

他們也沒體會過寧靜。（笑聲）

羅柏特・宗曼：

大樂（bliss）意識能不能算是一種情緒？

達賴喇嘛：

那是一種超大的情緒！（笑聲）

法藍西斯科・瓦瑞拉：

我能要求您釐清一件事嗎？心性的寂靜或平衡能被看成是一種參考狀態嗎？有沒有心性的理想境界？難道心性不能有許多種主動活躍的多元層次嗎？

亞倫・華勒斯：

寧靜的相反不是主動。

法藍西斯科・瓦瑞拉：

那正是我想要了解的東西。從一開始的翻譯來看，心性好像是有一個安詳、寧靜、平衡的參考點，但是卻難以看出它又同時是一種主動的生活。

達賴喇嘛：

我覺得**心性的真實本性是寂靜。因此，寂靜是伴隨著心性的本然狀態而來。通常我們在休息時會試著摒除任何一個思緒，但同時又收刹不住這些流竄的念頭。所以，我們要做的只是保持在本然狀態的寂靜感之中。**當你有心理煩惱時，這份寂靜感就被干擾了。

法藍西斯科・瓦瑞拉：

但你不在靜坐而去買麵包或跟人洽談工作事宜時，你仍能享有寂靜嗎？看起來除了坐著不動外，幾乎沒辦法得到寧靜。

亞倫・華勒斯：

心理煩惱的藏文字根的意思是「擾亂心性的東西」。你可以在心理上很主動，卻沒讓心性受到擾亂。因此，寂靜可以是主動的，並且在不受擾亂的意味上保有平衡狀態。

法藍西斯科・瓦瑞拉：

所以，它不是一種需要停止活動的特許狀態。這正是我試圖要掌握的，因為安詳與被動通常是相關聯的。

達賴喇嘛：

當你培養慈悲和解脫的志向時，它們事實上會打擾心性。但是你可以把它當成一個問題來處理，並轉而期待它的長期效果就好了。請在心內牢記這一點，不同派思想因為空性理論的差異，對實相本性的瞭解自然不同，因此對何種心境屬於煩惱也有細微的差異存在。應成中觀派（Prasangika）看做是心理煩惱的心境，在其它派看來卻是完全妥當的境界（譯按：達賴喇嘛遵奉宗喀巴的祖訓，繼續宏揚以佛護、月稱為代表的應成中觀派，此派指出只有迷亂的意識才會認為外界的對象可以依自相成立；可是以清辨為代表的自續中觀派則指出此種意識並沒受到無明污染，而且是一種安立外界對象的語言意識）。譬如我們賞花時，欣賞它自在的丰姿，應成中觀派就認為這種知覺模式是一種心理煩惱。但是其它派來看，這個知覺模式卻是完全本真的，這兩派因為他們說花是本然自在的。這兩派因為對於細微無明的觀點不同，連帶也對細微執著和瞋怒的本性有著不同的看法。

5 壓力、創傷和身體

使人瘋狂的不是死亡這一類生活的大改變，而是在沒有多少時間時，鞋帶卻斷了。

引言人：丹尼爾．布朗（Daniel Brown）

在二十世紀末時，「壓力」已成為我們嘴上老掛著的生活用語。不過，它的意思有時候很含糊不清。從專業上來說，壓力反應是對威脅性情境的生理和心理反應，這種反應會激發攻擊或逃離的反應機制（fight-or-flight mechanism），使身體的荷爾蒙分泌量激增，以動員身體的應急資源（emergency resource），來面對挑戰。很不幸的是，現代社會的生活情境一直在鼓動這種壓力反應。當我們陷入既無法攻擊也無法逃離的情況時，就會造成血壓和肌肉緊張的長期性升高、惱怒、焦慮和憂鬱，也會抑制免疫系統的防衛功能。

丹尼爾．布朗在此採用行為醫學的觀點，來探討壓力引發某些特定疾病的過程。行為醫學是一個新的分支，它應用生物回饋、冥想和催眠等行為方法來治療慢性病，並推廣一些預防疾病的行為方式。布朗討論疾病的內外在致病因素；也解釋壓力影響神經系統的運作方式，並且描述長期性壓力對身體所造成的累積性效果。

人們有很多種應付壓力的方式，有些方式會引發更大的問題，像藥物濫用就是；其它像生物回饋和冥想的方式，則可以提升身體的復原能力，增進身體的健康。我們實在是沒必要讓生活的壓力和困擾，來完全左右我們身體和心識的反應模式。

精神創傷後壓力疾患（posttraumatic stress disorders，縮寫為PTSD）也許就是壓力過大所造成的最嚴重結果。這種心理症狀往往是在經歷過重度創傷事件的人們身上發展出來，這些事件好比是嚴刑拷打、性虐待、武裝戰鬥，或是像車禍、颶風等威脅生命的事件。此病的症狀有創傷事件的反覆閃現、夢魘、飲食失調、焦慮、疲累和社交性畏縮。創傷後壓力患者的壓力反應經常會過度活化，使得自律神經系統對於一般的良好情境也產生強烈的亢奮反應。達賴喇嘛也指出有些受到中共迫害的西藏難民和喇嘛，因為平日禪修訓練的工夫到家，適應創傷事件的能力也就超強，即使是受到最悲慘的不人道待遇，也沒有創傷後壓力的症狀出現。

丹尼爾・布朗：

行為醫學結合心理學和醫學的智慧，以便能好好評估、診斷和治療疾病，而且它特別關注疾病的預防和復健。它在許多領域內也有應用成功的情形，第一個領域是身心症(psychophysiological disorders)的治療，如頭痛、慢性疼痛、高血壓和氣喘。第二個領域是使用這些方法來處理有健康風險的行為，如抽菸、不健康的睡眠習慣或飲食習慣，這些負面的行為習慣會影響個人的健康。

行為醫學的第三個領域則是了解人類如何適應像糖尿病或腎臟病這一類的慢性疾病。譬如說，糖尿病患者知道治療是可以奏效的，卻仍然不遵照醫師的藥方指示，而去吃一些不健康的東西，也不察看他們的血糖濃度，或是忽略了注射胰島素的時間表。所以，科學家為了瞭解患者對慢性疾病的適應能力，便開始研究遵守醫囑(compliance)的各方面議題。

第四個領域很具衝突性的色彩：這些方法要用來預防和治療與免疫系統相關的疾病，如癌症、愛滋病和自體免疫疾病。這個領域還沒有什麼進展。第五個治療領域則是傳統所謂的身心醫學：心意和身體的關聯性，以及使用行為方法來治療焦慮引發的身體症狀，如氣喘發作即是。

最後，行為醫學也應用在所謂的健康增進(wellness enhancement)領域。這就不是在治療疾病，而是藉由達到最佳健康狀態的方法，在第一線上預防疾病的發生。

疾病生活史

在行為醫學中，首先要瞭解我們看待疾病和疾病發展的方式。我們可以從兩種層面來診療疾病：首先衡量病因，然後考量病情延宕的各種因素。疾病的原因也許是生物學的，或者是跟壓力有關的，也或許是兩者都有。生物學的因素包括基因的遺傳傾向，像自體免疫的疾病和某些癌症都屬於這種起因。其它致病因素則是個人早期生活的事件。比如說，早期的營養模式會影響到生命後期的體重。有時候，早期的感染會造成組織的損害；嬰兒一歲時的肺炎可能會造成肺部組織容易過敏，因而導致日後氣喘的發作。有時候，人們會對某些藥物過敏。有些人則是對氣喘過敏，因為氣喘是由後天習得的過敏而來。有時候，有些人的傷害會有持久的效果，而有助於日後疾病的發展。讓人有發展疾病傾向的生物原因，實在是有太多案例可說。

其次，讓我們來看病情延宕的因素，研究結果顯示疾病延宕的因素有時候會跟原來的致病因素不同。拿氣喘來說，因為免疫系統的反應可以被制約或訓練，那就表示氣喘也可如法泡製：有人就把氣喘發作當成是學習得來的反應，而跟原本的過敏因素無關。病情延宕的另一個因素是預期性的焦慮。譬如說，有些氣喘患者隨時都在擔心氣喘就要來了，這種過早的擔心會使自律神經失調，然後再波及肺部組織，最後造成氣喘發作。病情延宕還有一個因素是某些治療方法的過度濫用，特別是讓氣喘發作暫時抒解的噴霧劑，反而會讓肺部組織更容易受到發炎物質的侵害，造成日後氣喘的發作。這種治療方式無法根除病症，反而讓病情一直拖下去。

這些病情延宕的因素與致病原因不同：因為疾病等於有了它自己的生活史，並且變成一種情結。所以，我們日後若能同時治療病因和病情延宕的條件，就算是很重要的貢獻，因此，我們要來看看疾病如何發展成一種情結。

壓力和自律神經系統

行為科學家已經把研究焦點放在壓力和疾病發展的關係，以及對自律神經系統的了解。自律神經系統控制了像肌肉緊張和心率這一類的功能。它能操縱血管內壁肌肉的擴張和收縮，因此能重新調節身體不同時候的血流量，也因此能控制血管運動的反應。當你在消化早餐所吃的食物時，胃部的血管就會擴張，以使更多血液能流向那個區域。當你花費腦力來思考和閱讀時，頭部的血管就會擴張。當你很放鬆時，皮膚的微血管就會擴張，好讓更多血液流經皮膚。

自律神經系統也是一種應急的防衛系統。防衛反應有一個面向就是古典的攻擊或逃離的反應。當有機體受到威脅時，通常會產生一些亢奮現象，如肌肉張力增加，心跳速度加快，皮膚血管收縮，血液重新被引入肌肉和大腦，使得有機體警覺度提高，隨時準備上前打鬥或逃跑，以便保護自己。我們在動物和人受到威脅時，可以看出一種典型的攻擊或逃離反應，但是人類自律神經的亢奮比較精緻複雜。我們也可以看到白天活動時，自律神經比較不緊張。舉例來說，當我們心裡專注準備去行動時，心率會增加，皮膚血管會緊縮，肌肉活動力也會增強。任何有關行動的預備過程都會伴隨有肌肉緊張水平和血流量變化的自動活化。當我們在世界中遊走、思索和交往時，不管是重量級的攻擊或逃離反應，或是輕量級的警覺和預備，都可說是自律神經系統的側面之一。這些反應雖然說是自律的，但是我們知道人類可以透過行為療法來學習用意志控制它們。

自律神經還控制了一種應急防衛的方式，那就是呆住不動的預期反應，這種反應在動物中也常見到。有時候，當動物被一隻掠食動物嚇到時，會變得靜悄悄的，並且細心觀察周圍環境。在這個案例中，心率減低了，跟攻擊或逃離反應正好相反。我們也看到肌肉緊張度降低，皮膚血管也收縮了，這種反應的輕量級版本，就會產生在我們深深專注於外界資訊時。在我們的日常功能中，我們以專注的方式經歷這種吸收外界資訊的時段，我們也經歷一種預期反應的時段。自律神經系統在生理上動員了身體資源，以便準備涉入我們在世界中的行動。

任何一種壓力情境都會造成自律神經系統的反應。當我們遇到壓力事件時，自律神經的活化會造成心跳、血流量和肌肉的基準功能產生變化。那麼，當刺激停止時，自律神經系統也會平息下來。經過一段時間的休息，它又回到基準線。當我們每一次遇到新情境或壓力事件時，都會有這種活化、平息和回到基準線的模式。

壓力本身不是問題

當我們遇到壓力時，我們會持續一段亢奮的高水平，中間沒有休息。這雖然維持很長一段時間，但是最終會造成耗竭，使你被迫得休息一番。長期性壓力的情境會造成自律神經運作的不規律或不平衡，使得小小的刺激就能引發大大的神經活化。自律神經系統的細胞也變得過度活化，只需些微的喚醒，就能有回應產生。我們開始看到肌肉張力的不規律和血流量模式的不平衡。這容易惹出氣喘、某些類型的頭痛、激躁性腸胃症和非感染性的疼痛和腹瀉等疾病。

這些變化可以由不同種類的壓力所引發。關於我們所謂的生活改變壓力（life-change stress），也累積了一大堆的研究報告。研究員發現在短期內歷經生活重大改變的人，像是親友死亡的失落感、開始經營一個新關係、關係破裂、突然有大筆錢進帳、突然失去一大筆錢、法律問題、買房子等現象，在隔一年後就很容易發病。

因此，**人們喜歡生活有慣例，慣例在某種程度上是健康的**。太多急速的改變會增加生病的可能性。西方對壓力的第一個研究主題就是生活改變的壓力，雖然大多數人都沒經歷過極端的生活改變，可是我們都經歷過一些身心疲累的小掙扎——忙著找遺失物品、有太多事要做、有太多電話要打、交通堵塞、有太多差事要辦，所有這些小事情都會日積月累起來。有位詩人曾經說過：**使人瘋狂的不是死亡這一類生活大改變，而是在沒剩多少時間時，鞋帶卻斷了**。每一次你擔憂某事時，都會造成自律神經系統的活化。如果我們沒有脫離亢奮狀態的方法，好回到平息的基準線，壓力就會堆積起來，使器官高度亢奮，這樣持續一陣子後，就很容易造成健康問題。

其它壓力源是環境性的：身體受寒、污染、噪音、電磁污染。甚至連做肢體動作、搭飛機這些事情都會有壓力。社會壓力也能從城市環境中形成，像過度擁擠、太多疏離和彼此鬥爭。生活壓力也有很多種：不健康的飲食和營養，以及抽菸、飲酒、喝咖啡和藥癮。太多截止日期的時間壓力以及運動過多或過少也可對人構成壓力。有規律慣例的人通常壓力較輕，不像每天要輪早晚班的護士或是隨時要動身救火的消防員一樣壓力那麼重。

此外，大家也開始了解到**壓力本身不是問題，它只是一個事件的發生而已**。有些人可以在壓力很大的情境中處之淡然，有些人則是在壓力很小的情境中過度驚慌。我們要如何解釋這些現象呢？至少，我們知道事件本身並不重要，心識如何去解釋那個事件以及如何去應付這些壓力，才是最重要的事。

應付壓力的方式有兩種：健全的和不那麼健全的。**健全的應付案例是採取解決問題的主動取向；或轉換對問題所抱持的觀點，使問題自動解消。另一種健全應付的方法是跟別人討論或接觸，以處理壓力情境中浮現的各式情緒**。

不健全的應付方式包含壓抑或否認問題、希望問題憑空消逝或幻想一個較快樂的狀態。這使人不是在實際處理問題，反而是在心頭老盤據著問題走開的想法。問題不會自己走開，雖然人的心智能神遊到其它地方，但是別忘了身體還是照樣在那裡催動壓力反應。

其它不健全應付情緒的方式有譴責和痲木。譴責是西方人自我憎恨的特徵。痲木則是當人受到虐待之類的重大心理創傷時，失去覺察自己感受的能力。

重建社群與文化聯繫

我們已經研究過從各種心理創傷存活下來的人：遭受兒童性虐待的人、犯罪的受害者、戰爭的倖存者，還包含受傷而有瀕死經驗的人，以及在監獄受過酷刑的政治犯，還有難民。我常接觸中美洲的難民，但是我們也處理過南亞的難民，主要是來自高棉、越南。我想法王一定和您的人民面對過同樣的問題，不是受過酷刑，就是逃離家園。

當我們處理這些人時，一開始要用心理治療是不太可能的。我們反而是先用環境干預的方式，因為難民的母文化已經完全被粉碎了。環境干預的第一個層次是幫助他們重建社群，滿足居住和飲食的基本需求。因為他們來到異國他鄉時，根本不知道如何打理一切或如何交涉救助事宜，所以我們提供他們建立社區的服務。但是這個工作很難完成，因為美國的難民政策不好，總是把難民打散，分配到各個城市，無法顧及他們重建社群的需要。如果難民在其他社群中處不來的話，他們會感到孤立。他們不懂外國的語言，又無法接觸自己文化的同胞。所以，我們盡可能地鼓勵他們住在同一個社區。

社群不只是他們的社區，也是他們文化的實踐成果，所以我們特別鼓勵難民重建他們的藝術和工藝品，以及參與他們的宗教。譬如說，針對波士頓區的高棉人，我們鼓勵他們去佛寺。對高棉人來說，整個重建工作更困難，因為在高棉大災難中倖存的人都是貧農，大部份的專業人士都被殺光了，所有學校和宗教的文化體制也被毀滅了。

我對西藏兒童村的印象就很深，因為那裡的人所做的正是西方研究者在重度創傷治療第一階段時所推薦的基本措施：讓受害者與自己同胞共組社區，滿足他們食物和庇護所的基本需要。下一步則是讓他們參與自己文化遺產的傳承。只讓西藏難民共同住在一個社區是不夠的，他們應該修習佛法，並從事工藝。

如果你看到他們每天夢魘，心境充滿焦慮和激躁，便想要在他們還沒完成社群聯繫時，就提供心理治療的服務，這個用心是很好，可是卻無法發揮作用。因為他們在完成社群聯繫之前，根本就無法擺脫掉極度痛苦和絕望的心境，而且環境干預的第一個層次大概就要花好幾年的時間來完成。

一旦，他們跟自己的社群建立深厚的聯繫，也能說一點英語後，我們才能進到下一個干預層次：心理層面的運作。這個層次可採用個人的和團體的兩種方式。有些人因為文化背景的關係，不加入團體。中美洲的難民既有極左派的人士，也有極右派的敢死隊成員。兩派人員都住在同一個社區，所以戰鬥仍然繼續。他們不可能一起來參加團體，因為他們怕敵人就坐在隔壁。高棉人的團體就比較好處理了，因為他們的社群聯繫很健全，大家就會一起來參加團體。你可能也發現這對西藏人來說也是如此。在這個團體中，我們請他們談談各種日常事物。我們不希望他們在團體中談那些慘遭酷刑的經驗，因為那會造成他們的困擾，使得他們的身心症狀更加惡化。

治療的下一個階段是與他們個別進行類似心理治療的過程。許多難民不懂這是什麼，但他可用他們文化的用語來發展。許多人在遭受整套酷刑的迫害後，不管是在獨處或跟任何人相處時，都有極大的不安全感。他們總是害怕有人會來傷害自己。他們在夢中數度重新經歷他們受折磨的經驗，醒時也會不時回溯過去傷痛的時刻，或是浮現創傷的侵擾性記憶，這些都很難應付。我們要求他們繞著安全感的主題來觀想。我們也會問他們生活中是否有過安全感的經驗，然後我們要他們想像自己正處於那種安全的處境，這樣他們才能夠學習用意志去產生安全感。如果他們說從不知安全感為何物時，我們會要求他們先去想像別人如何沈浸在安全感之中，然後再把自己放在那個處境。

不管是在何處，安全感的觀想時段頂多只能從十分鐘持續到一小時。因為當他們試著觀想時，不是常常會轉移到其它地方，就是會有酷刑的記憶開始呈現。在碰到那個時刻時，我們告訴他們把觀想焦點轉移到其它有安全感的地方。如果侵擾性記憶再度來臨時，我們要求他們再度轉換陣地，這樣他們才能學會控制心頭記憶浮現的技巧。如果他們受到一連串的酷刑凌虐時，他們也許需要花上三年的時間來做這個安全感的觀想練習，但他們最後總是能感到安全與放心。我們既然強調這一點，**安全就成為治療關係的基礎**。一旦他們有信心用這種方式來控制心境時，我們就會開始介紹其它種觀想。他們最後會開始點滴回想起酷刑經驗，也會開始談論這些經驗。我們試著要求他們一次只談一點，到最後他們就能輕鬆地談論這些事情，而且說得很合情合理。事情就能因此而安排妥當，他們從此也能過正常的生活。所以，我們整個治療的程序大致上是如此：**首先是環境的干預，以重建他們的社群和文化聯繫；然後進行團體治療，練習安全感的觀想；最後進行實際的記憶整合。**

達賴喇嘛：

在西藏集中營裡關了很久的難民中，有些人報告說監獄那段時間對他們助益良多，因為他們的靈性修練在牢中衝到最佳境界。一般來說，很少有西藏人會讓這些創傷經驗在心頭留下眾多深刻的疤痕。如果有這種領域的專家去訪談那些西藏難民，他們會發現調查結果與他們的其它發現有些不同。

丹尼爾・高曼：

法王，難道他們都不會有夢魘的情形嗎？其它地方的酷刑受害者都有這種典型狀況。

達賴喇嘛：

有些人也會有夢魘的情況。當我在拉薩時，到處都是中共的士兵，我那時候也有夢魘。甚至三十年後的今天，我仍然偶爾會夢到那些情景。（笑聲）不過，沒有焦慮或恐懼牽連在內。

近年來，從西藏逃亡過來的新難民數量很大，從小孩到三十歲都有，有些人的一生就在集中營和監獄中度過。有些喇嘛現在是在南印度的僧院大學研修。他們很少有精神創傷後壓力的症狀。事實上，這些學生變成一些比在印度長大的學生還要好的學者。

丹尼爾・高曼：

這是因為您先前解釋過的「視個人苦迫為靈修轉機」的修行嗎？他們在遭受酷刑時，是否也如此修行？

達賴喇嘛：

是的。

丹尼爾・布朗：

西方曾經研究過納粹集中營的倖存者，以及在南亞「虎牢」中待過的囚犯。從那些經歷中存活得最好的人通常都有堅強的宗教信仰或哲學信念，來保護他們不受酷刑的心理摧殘。

達賴喇嘛：

但是，我認為大多數的高棉人和越南人也都是佛教徒。

丹尼爾・布朗：

對於酷刑或相關創傷的反應，大致上可分為三種類型。第一種是侵擾性經驗，如慘烈的影像記憶和夢魘。第二種是麻木的經驗，對任何東西都毫無感受。第三種是生理反應，自律神經系統會變動，亢奮程度會一直走高。即使是信念堅定的人也會產生這種生理反應。根據西方以往所做過的研究來看，如果我們對喇嘛進行生理測量的話，我預期會有同樣的跡象出現，雖然他們都不會抱怨說晚上有夢魇。

達賴喇嘛：

這應該要查核一下，也很容易做到。在色拉寺（Sera Monastery）大約有一千位這樣的年輕人，在哲蚌寺（Drepung Loseling）大約有五、六百位，在甘丹寺（Ganden）大約有兩百五十到三百位。在我這些年來和這些學生相處的經驗中，我從來沒看到一個不正常的案例。他們跟其他年輕喇嘛並沒什麼不同。

丹尼爾・布朗：

您剛剛所說的一切真是太罕見的情形。

法藍西斯科・瓦瑞拉：

我個人認識一些從智利逃出來的同胞。他們在軍隊推翻亞藍迪的民主政府後，受到皮諾辞的秘密警察嚴刑拷問。他們之中每一個或多或少都有壓力的症狀，像是夢魘和生理失調。

達賴喇嘛：

在你認識的同胞當中，有堅定宗教信仰的人和其他人的表現有沒有不同？

法藍西斯科・瓦瑞拉：

那些受到迫害和嚴刑拷問的人全都是左派分子。他們大概只有堅定的政治信念而已，也許他們因為成長環境的關係，會有一些基督教的價值觀吧！

丹尼爾・布朗：

實際上，嚴刑拷問他們的人也是來自於同樣的宗教背景。

法藍西斯科・瓦瑞拉：

他們是以平民身分，受到家鄉的人嚴刑拷問。

丹尼爾・布朗：

可是，中國人不是佛教徒。受到不同民族的人嚴刑拷打，那就會有很大的不同點。

法藍西斯科・瓦瑞拉：

也許是吧。

達賴喇嘛：當西藏人在說囚禁的個人體會時，他們都指出關入監獄的理由不是因為做了非法的勾當，像是殺人或偷盜，而是因為他們是實踐政治主張的自由鬥士。

達賴喇嘛：所以，這就很相同了。這種態度有幫助嗎？

法藍西斯科・瓦瑞拉：是的，它有一些幫助。但是在我認識的人當中，只有一些人可以在那種自由鬥士的強烈感受上，把他們的生活重新整頓好。大多數人的生活依然破碎：不是家庭瓦解、沒法繼續工作，就是失眠、得癌症。即使是有這種自居正義的感受，總是有某些地方很含混，因此這種感受的力度會有缺陷，我們會認為自己真的那麼正義凜然嗎？也許，西藏人的宗教原則感受會更強烈吧。

喬・卡巴金：法王，您昨天說過在佛教的觀點來看，邪惡是無明，因此佛教徒會悲憫無明的舉動，即使那種舉動對自己造成很大的痛苦。我讀到一篇有關您的西藏醫師的報告，內容非常感人。他在中共的牢裡待了好幾年，卻從不對那些拷打他的人生氣，反而是悲憫他們的舉止深深充滿了無明。有位美國的精神科醫師曾經跟這個人面談過，很驚訝地發現他根本沒有精神創傷後壓力的症狀。他不會憤恨不平；也沒有憎惡心；更沒有與這件事相關的身心症狀。您相信這種情形在受過牢獄之災的喇嘛中很普遍嗎？

達賴喇嘛：

這很難說，因為有些喇嘛對中共的憤恨不平感很強。

丹尼爾・高曼：

所以，他們不對那些施暴者起悲憫心。

達賴喇嘛：

好像不是哦。（笑聲）

丹尼爾・高曼：

那麼，法王，除了慈悲心的練習外，還有什麼練習讓他們不會產生這些問題？

達賴喇嘛：

有個因素是業力的信念。他們把自己的苦難歸因於前世所犯下的錯誤。這是西藏人普遍都有的觀念。皈依也是個重要因素，這是所有宗教都有的。想到輪迴轉生的苦處，還有對生命無常的思索，也是個因素。最後，他們有很強的真理必勝的信念。

丹尼爾・布朗：

法王，在西方具有權威地位的精神醫學診斷統計手冊中，他們把創傷界定為一種極度異常和很不尋常的事件，它幾乎會在每一個人身上惹出症狀。如果您說的一切是真的話，那您的人民確實有很多我們可以學習的地方，特別是如何保護自己免於精神創傷後壓力的症狀，因為同處境中的其他人幾乎都會出現那些症狀。這對我們來說是個非常獨特的資訊。

〈第三部〉

修行技巧和醫藥

SKILLFUL MEANS AND MEDICINE

6 正念的藥方

真理之道不需精緻複雜，簡樸中自有大力量在

引言人：莎朗・沙茲堡（Sharon Salzberg）／喬・卡巴金（Jon Kabat-Zinn）

在麻薩諸塞州烏斯特郡（Worcester, Massachusetts）的麻州大學醫學中心裏，喬・卡巴金設立了一所減輕壓力診所（Stress Reduction Clinic），專門教導病人如何進行正念的練習。而莎朗・沙茲堡對於南傳佛教上座部禪修傳統的概述，正可作為正念練習的基本解說。在西方的醫療架構中，正念禪修的醫學用途已經日益普遍化了。

我們只要剝除正念禪修的宗教外衣，就可發現它很單純，只要求我們觀察心意的瞬間活動，並對所有的心念保持開放性接納的態度，就可以了。正因為這種單純性，使它能晉級為一種減輕壓力的技巧。

喬・卡巴金對他如何把正念禪融入減輕壓力和鬆弛診所的過程，也做了一番解釋。雖然在靈性訓練的體系中，運用禪修技巧已有很長一段的歷史，可是在西方卻是近年來才嘗試將禪修技巧納入內科和心理治療領域，以進行有系統的應用

和研究。

喬・卡巴金的報告內容可說是統合了我們目前為止所討論過的大部份事情。他試著把佛教禪修的某些技巧帶入西方的主流文化，他也相信這種除掉靈修內涵的正念禪可回應這世上某些受苦眾生的需求，因為他們都曾經為了某些理由，而拒絕接近佛教或其它信仰。

練習純粹的觀察

莎朗・沙茲堡：

當我們教授正念禪時，通常會教人從靜坐開始，並要他們找出身體某個清楚察覺到的部位，比如說腹部的起伏，來感受呼吸。我們要求他們一開始只要感受呼吸，再來才去觀察那些盤據他們心頭的事物。因此，他們才能在不同時段中覺察到各類對象：聲音、意象或身體的感覺。我們也要求他們直接且清楚地觀察這個經驗，唯有靠這種直接了當的觀察方式，他們才不會陷入對現在遭遇進行解釋或判斷的泥沼。舉例來說，如果某人有生理痛時，與其在那裡想說「這還好」、「這不好」或「我得這種病表示我是個壞蛋」，還不如照我們的建議去記錄熱、壓力或緊張的感覺，他們才能夠看到感覺的變化多端，並且覺察到「苦痛」是無常的或無自性的。而且，他們也知道自己無法控制身體的感覺。既然苦痛並非是因應於他們的欲望而生起，那他們就毋須感到自己滿懷痛苦。**苦痛只是因為條件的聚合，**

才會生起，根本就不屬於他們所有。因此，我們要求他們更深入地觀察，以便能在觀察的那一瞬間，實際看到現象生起和分解的過程，那他們就能看透人類經驗的本性。如果他們能做到這點，心識就會變得非常平靜和安寧。也就是說，心識不會穿梭在過去和未來之中，反而是以穩定和寂然不動的品質，確實安住於當下的經驗。

我們也很強調觀察的純粹性，不管這觀察的對象是呼吸、苦痛或其它事物，他們只管觀察，並且要避免生起貪、瞋、癡的心念。而且，不管禪觀對象是快樂、痛苦或中立的，他們的心智也不能被帶著走，而弄出更多的貪愛、厭惡或愚癡的念頭。所以，我們一直嘗試要分辨出兩種正念，一種是指普通的注意力，另一種則具有純粹觀察的性質。我們也教人修行不能有間斷，不管他們在這世間是坐下、走路、喝杯茶或做某件事，都可以練習正念。我們的教導雖然一開始是把焦點放在呼吸上，但是這種正念練習最後還是會涵蓋到一切對象。到時候，不管我們是在做什麼活動，都可變成為禪觀的練習。

達賴喇嘛：

你在正念之中，都不加入任何特別的分析或研究嗎？

莎朗・沙茲堡：

我們不會加入分析，因為純粹的覺察自會帶來瞭解和洞見。特別是當他們修行很有規律而能固守正念，就能如實見到念頭只是念頭。他們不會被任何心念所控制或驅迫，反而能把它們全然放下。

達賴喇嘛：

當你指認某物單只是念頭時，你心裏想到什麼？你如何指認它？「單只是念頭（mere thought)」這個詞又是在說什麼？

莎朗・沙茲堡：

念頭的內容或主題之所以不重要，是因為我們的覺察力可以轉移注意的焦點，使我們只去觀察心念生起的過程。也因此，我們能察看到念頭是不堅固的，也是沒有實體的，而其實際意涵也不必然會引發出情緒的關聯或反應，我們就好像能觀照到心念變化無常的本性一樣。因此，如果有人生起「我病得很重」的念頭時，這個念頭所涵蘊的事實好像嚇不倒人。那就是因為心性能直覺認識到念頭的本性，念頭只是來來去去而已。我們就是靠著這種特殊的修行取向，才不去試著把壞念頭轉成好念頭，而是去洞察念頭的本性。

達賴喇嘛：

念頭的本性為何？

莎朗・沙茲堡：

每一瞬間的思緒對象都在變化當中。所以，心性察看這些念頭時，就照出其飛逝的和短暫的本性。

達賴喇嘛：

當然，所有世間因緣的現象的確都有飛逝的性格（fleeting character）。但是，什麼才是念頭獨有的本性，並使它有別於其它飛逝的現象呢？我之所以會這樣問，是因為每一種禪修類型對洞悉心性的本性，都各有其見解。像我們的禪修就主張要從多種事物之中得到直接的洞見，念頭只是其一而已。而你卻說念頭只是念頭。那麼，當你對只是念頭的本性得到史無前例的洞見時，我就在想你能獲得什麼樣的創新洞察力呢？你現在又是用何種與常人不同的知覺方式，來察知念頭呢？

莎朗・沙茲堡：

這個洞見或了悟就是空性，也是萬物之間的因緣。我們知道心性和身體有一種固定的關聯，而我們真正的身分就是身心之間因果關係所形成的一連串環節。我之所以會比較強調心念的過程，那是因為我們對心識的認同和執著遠比身體還多。借西藏傳統的一個意象來說，**心性的洞察力會把念頭看成是掠過天空的白雲，不須佔有，也不必操控**。對於喬的學生而言，即使是只見到一點點念頭的非實體性和空性，也能得到很大的自在解脫感。

達賴喇嘛：請你解釋空性的意思是什麼？

莎朗・沙茲堡：非實體的，沒有一個核心。

達賴喇嘛：無我（anatman，註一）。

莎朗・沙茲堡：是的。

達賴喇嘛：所以，你所指的空性或無自性就是存在的三法印（亦即無我、苦和無常）之一（註二）。

莎朗・沙茲堡：是的。

達賴喇嘛：

那很好。

莎朗・沙茲堡：

因為人們不必有任何信仰和宗教感受，就可以來練習這種禪修，所以它擁有非常強勢的力量。但是，我們也要替它打好一個非常堅強的道德基礎，才能使他們的覺察力不會偏離正軌，而更能體會到安寧、明晰、敏感性和對自身生活的了悟。

達賴喇嘛：

練這種禪修技巧的人或者是已經領受到真實利益的修行人，他們完成了多少禪修階段？他們每天修行多少節？每節時間有多長？還有，他們花多久時間才能獲得明顯的效益？一星期、一個月還是一年？

莎朗・沙茲堡：

一般來說，他們能夠的話，是一天打坐一個小時。他們練到某種程度時，有的會受益無窮，有的會不想再練。他們練這並不是基於信仰的緣故，因此他們需要很棒的體驗，來建立自己的信心。我想這一般都要花上好幾個月的時間，他們才能練得既穩當又有信心。

達賴喇嘛：

止（*samatha*）和觀（*vipassana*）的區別在哪裏？

莎朗・沙茲堡：

在修定時，我們選擇一個單一對象，如呼吸或咒文，並專注在它上頭。在修慧時，我們把覺察力對外開放，遍觀所有經驗，而不限制在特定對象。因此，內觀的重點不在於與特定對象合一，而是在事物的無常變化性，以便能在每一經驗中觀照到存在的三法印。

達賴喇嘛：

很好。你訓練這些禪修者的技巧，是不是來自於斯里蘭卡(Sri Lankan)和緬甸(Burmese)傳統？它是不同傳統的組合，還是從某一特定傳統而來？

莎朗・沙茲堡：

這種訓練是從緬甸傳統的某一傳承而來。（譯按：美國內觀禪修中心是源自馬哈希大師（Mahasi Sayadaw）的傳承。）

達賴喇嘛：

很好。你有沒有這種禪修的經論基礎？

莎朗・沙茲堡：

我學過《四念處經》（*Satipatthana-sutra*）。（譯按：四念處的修行法門就是觀身不淨，觀受是苦，觀心無常，觀法無我。）法王，李義雷曾引哲學家詹姆斯（William James）的話，他說宗教要像植物一樣茁壯，否則就會枯死，但同時也要維護傳統的根基。問題是既要成長茁壯，又要兼顧到根本事物的維護，這兩者要如何兼顧呢？您能說明一下佛教教義的最根本事物是什麼嗎？它又如何能得到變化和成長呢？

達賴喇嘛：

我認為佛教教義的本質是慈悲和了悟空性的智慧。它們與基本的實相、菩提道和修行果位都是密不可分的，因為任何其中之一都有慈悲和智慧的雙重側面。至於佛法要如何成長，我並不確定。我認為所有宗教的基本體系都不需要更動，但是其文化側面或社會習慣卻需要改變。我們可以看到從西藏佛教到西方佛教（包含美國佛教）的演變過程，就像西藏佛教以前從印度佛教中自然演變而來，西方的佛教和美國的佛教也是一樣能水到渠成。而且，這種事情通常進展都很緩慢。

醫院是吸附痛苦的大磁石

喬・卡巴金：

我認為世界上有很多受苦的人們為了某些理由，而排斥佛教或其它信仰，他們雖然對開悟沒有興趣，可是他們卻有消除內心苦惱的深層需求。因此，我想從更寬廣的視野，來考量一下佛教的禪修觀點所能提供給西方參考的東西。我於是開始思考下列問題：佛教的獨特智慧是否能完整無缺地應用到受苦者身上？而這智慧又能促進他們的人格整合，使他們的心靈不再破碎，並且能防止苦痛的擴大？

我曾經接受過上座部和禪宗的訓練。雖然，我的受訓資歷還很淺，我仍然試圖把某些禪修技巧納入我的減輕壓力計畫，以打入主流的西方醫學架構。如果我在西方的醫療情境裡頂著光頭出現，身穿僧袍，頸掛念珠，口誦藏語、梵語或韓語，就一定會和所有人格格不入。不管這教義有多棒，不管這修行方式又多平易近人，只要我用那種介紹方式，不僅效率低，技巧也嫌太爛。而且，大家對禪修都還不太瞭解，一聽到禪修往往腦中就一陣空白。因此，我們的職責就是要點醒大家，**禪修乃是學習去觀照事物的真實面目，以及學習與萬物自在相處之道**。

在西方的主流生活中，我們根本不曉得佛教禪修的價值在哪裡，其實答案就在寂靜的品質。你也許注意到我們要到處跟人打交道，美國人甚至把這發展成一套精緻的藝術。我們經常都得這樣忙碌，累得回家躺在床上，都快掛了，而且隔天一早起床後，還有更多的事要忙，更多的交際要打理。其實我們只要有一點點覺察能力，就曉得我們根本不知道自己到底在忙什麼，我們自己的體會和感受等於是被切斷了。如果你心很野，一直想到別的地方，那麼你就從未在本來面目安頓，也沒有完全活在當下這一刻。如果你心思散亂，注意力不集中，你也無法處理心裡面的壓力和困苦。在這種心理威脅的情境下，你的反應將會嚴重受到限制，並且很機械化。你的心智也好像被雲霧遮蔽一般，無法進行全然清明的觀照，不但無法擁有深層的智慧，更別提活用智慧的可能。

對身體來說，情況也是一樣。如先前討論過的，許多人對自己的身體並不敏感，直到身體出錯了，才感到問題大條了。他們心煩意亂之際，就會跑去找專家，想將身體完全治好，但卻常常無法如願。雖然近二十年來，西方醫學已取得可觀的技術進展，但大多數是集中在診斷技巧上。它只能告訴你問題是什麼，卻不能保證這病症鐵定能夠好轉。說實在的，西方醫學的治療對策還真少得可憐。

因此，我們認為在醫學中心內設立一所正念訓練的診所，可能是件很美妙的事。因為，**醫院畢竟是塊專門吸附苦痛的大磁石**，有這診所就可以有技巧地介紹寂靜、觀照、正念等概念，以幫人從整天往外跑的生活方式，轉成往內凝視的存有方式。如果我們能夠提供病人一種正規醫療外的補充措施，也許他們就能在醫療的力不及處，得到成長和治癒。這個計畫也可幫病人遵守醫囑，因為他們心煩意亂時，往往會不照常規來做。

讓我來向你介紹一下我們診所的結構和原理，那就是麻大醫學中心的減輕壓力和鬆弛的療程計畫，以及我們進行禪修活動的方式。然後，我會向你介紹本診所治療不同重症患者的成果，治療應用的範圍也不限於生理症狀，還包含了可反映出人類成長幅度的心理轉變。最後，我將說明我們如何把正念、觀照和無為等原則，融入醫院的作業程序。我們這樣做不只是為了病人，也是為了要訓練醫師和醫學生。我們要提昇他們的敏感度和觀察力，以改進他們與病人的相處模式。

有位名醫說過照顧病患最重要的事就是關懷病人，但是大醫院往往會遺漏掉慢性病患的關懷工作，甚至不聞不問。本診所所提供的治療機會等於是為他們準備好一道安全網，並鼓勵他們在較深的人格層次中，探討自我救助的可能性。不過，他們已經習慣到處尋求他人的幫助，我們不得不問他們說：「你們從沒考慮過自己身心的內在資源或智慧嗎？如果你能發掘和運用這些能量，那麼你和你的醫師都能夠邁入健康和醫療的更偉大層面。」這不是對治（curing），而是自療（healing）。**對治是神奇地解除一切病痛的症狀，自療則是在較深的生命層次中轉化身心**（譯按：西方近代的生物醫學只強調對治疾病症狀的對抗療法，忽略了病人的情緒體驗和文化背景對於自療過程的影響，因此有人開始提倡生物—心理—社會的醫學模式）。

因此，即使你今天斷一隻手斷一隻腳，你的內在還是很完整，可以在最基本的生命層次上過著充實的生活。這個目標不易達成，不過還是有可能。人類可以察覺到生命的整體性和完備性，因此健康不是說非得依賴手腳完好不可，或是沒有染上癌症或愛滋病。我們有一種很強烈的感受，那就是只要你還活著在呼吸，整個身心狀況就可算是很正常了。我們鼓勵病人去找出正常的地方，出差錯的地方則交給醫師去處理。

在《四念住經》中，佛陀給我們一個簡單又深奧的訊息：**真理之道不需精緻複雜，簡樸中自有大力量在，因此禪修的核心基礎在於正念**。所以，我們診所的出發點就在於正念是一切苦痛的強效治療方式，而且不管你是否在佛教情境中運作，正念都可發揮療效。那我們能在西方的主流醫學架構中，宣傳這種主張嗎？

減輕壓力診所

這個診所位在麻大醫學中心，規模很大，有四百個床位，每天的門診病人也有上千位。還好的是，麻大醫學院成立不久，大約是在一九七〇年創辦，所以才能容許我在這個地方做宣傳。當一個機構成長後，它們往往會得到「關節炎」，還有「態度漸趨強硬」，因此就很少向新理念開放。麻州醫大其實也是個區域性的創傷處理中心，在這個地區內的病人很多都是由直昇機送來。其實，醫院裡並不是只有病人在痛苦，很多職員身上也負擔著很大的壓力。

對大多數美國人而言，壓力已經變成一種生活方式。這不一定是件壞事，因為壓力不是問題，問題出在你要如何應付壓力，應付壓力有賴於你如何看待壓力，看待壓力又有賴於你是否有察覺到壓力。很多人對壓力沒有絲毫感受，好像魚在水中游就看不見水一樣。我們既然無法意識到生活裡有很多壓力，就會活得很機械，跟自動導航器一樣。其實，心識經常有很多困擾，會使人沈湎於過去的回憶，或是遙想未來的事，很少人能夠活在當下。

我們在這裡用了很多次壓力這個字眼，但是還沒給它一個定義。我滿喜歡這個字眼，因為它的意思很廣，可以包含所有的苦痛。沒有人知道減輕壓力診所是什麼意思，可是每個人都想來看一看。從科學觀點來看，壓力這個字眼很蠢，因為它同時指涉讓問題出現的刺激和對問題本身的反應。因此，**壓力有個定義是有機體對要求它適應的整個壓迫性環境所進行的反應**。任何事情都可以是有壓力的，這就要看你環境之中是否有要你改變的壓力。當然，你要去適應環境變動的話，自然就會感受到壓力。當動物碰到沒食物吃的情況時，牠不是等死，就是遷移到其它地方找食物吃。因此，遷移就是使動物存活下來的適應措施。雖然我們的壓力有部份是心因性的，但我們仍然需要去改變或適應它們。家庭中有人過世，不但會帶給家人很大的失落感，也是個很大的壓力。死者的家人只有去勉強接受這份失落感，才能適應這個衝擊。如果你不去適應，有機體就會陷入失衡狀態，甚至連神經系統和免疫系統都會功能失調。然而，時間終會治癒一切傷口，家人過一陣子就會康復起來，重獲內在平衡的狀態。如果有人生活壓力太多，可能會持續焦慮，身體健康也隨之崩潰。

放輕鬆

減輕壓力和鬆弛的計畫採用一整套的課程方案。如果你要人家去改變他的生活，你不能只是說：「你工作太勞累，你需要改變自己的生活，只要心情放輕鬆就好了。」如果人家知道如何放輕鬆，他們就不會來找你了。醫師必須學習：去跟患者達成深層的會晤，給他足夠的時間去成長或實驗，他會再回來問你問題。我們認為教導患者的最好方式就是開一門課程。正念的訓練能夠統一所有的練習，也是整個課程的基礎。就如莎朗所提過的，不管你對正念的技巧有多熟練，就算是有很多鎮靜、寂靜和鬆弛的境界，但你若沒有讓正念洋溢在日常生活之中，就不會產生任何智慧。也就是說，如果你的心意在打坐之外的時間，就宛如一條失去控制的公牛，那你再怎麼儼然如佛陀般端坐一小時，也是白費功夫的。有時候，你甚至會妄想自己是個偉大的修行人，可是你卻毫無察覺到工作上或家庭中的嚴重問題。因此，我們相信生活日用的正念是禪修訓練的精髓所在。

這個課程的內容是如何好好照顧你自己，如何有技巧和完整的生活，有可能的話，還包含了如何邁向更卓越的健康和幸福。這不是要取代醫學治療，而是去補足它的遺漏面。我們的診所是在內科部門，而非屬於精神科部門，這一點也很重要。因為，當人們有壓力問題時，醫生常常檢查不出任何生理差錯，只好轉介給精神科醫師。這表示出問題的是心識。當然，在西方來說，心識與身體是分開來的。許多人對精神醫療也沒什麼好感，他們認為痛苦屬於身體，跟心識無關，以免人家誤以為他們快抓狂了。我們把診所安置在內科部門，才能跟身心合一的觀點有所交集，西方醫學也逐漸接納這種觀點的重要性。當然，為了方便起見，我們要分別提到心識和身體，因為它們還是有重大的差別存在。可是，如果我們不瞭解它們的深層統一性，就會出問題。在天平的某一秤盤上，放著強勢又美觀的醫學科技，如X光線、CAT掃瞄、外科手術、藥劑等。另一秤盤上就放著行為醫學或身心醫學，心性的力量，還有個人的自我努力。為了要保持醫學的平衡起見，愈多錢流入科技醫學，身心醫學就愈需投入更多能量。

在我們的診所中，我們的治療取向不同於內科和精神科的模式，也跟佛教教義的模式有所不同。在內科或精神科，第一步是要診斷出問題所在，然後再找出正確的治療。同樣的，當有人問老師禪修的問題時，答案只會切合個人的需要，不會適用於每一個人。在這個以禪修為基礎的減輕壓力診所裡，我們設定了一個與一般和特殊醫療干預非常不同的模式。我們是一群人一起做普通的訓練，但是焦點不在他們的個人問題，而在於他們共有的正當事物上。他們每個人有不同的疾病，也各自有不一樣的家庭煩惱、性別和工作情境，還有醫生負責他們的特別治療。我們只教他們一件事：如何注意事物，亦即如何保持正念，如何微調心境（tune in）。

我們給患者一些個人關照，並且依他們個人需要和環境，來修正指示。這不是說我們這兒好像是個工廠，我們不關心他們有什麼問題；而是說，我們要明白指出他們所共有的事物。我們會對轉介過來的病人，進行一對一的面談，以評估他們受訓前後的表現，還有長期練習後的狀況。在面談中，我們要聽病人說自己的故事，以及他們對疾病和身體有何真正感受。我們試著真心傾聽病人的話，並以慈悲心腸來體驗他們的情況。然後，我們分辨出他所期待的東西。當我們在講到禪修或正念時，他們雖然聽不太懂，但是他們可以選擇是否要加入。結果有百分之九十的病人要加入。

這個課程長達八週，病人每星期來一次，約要兩個半鐘頭。一班大概有三十人，圍成一個圈圈坐下。他們也有家庭作業，一星期六天，每天練習禪修四十五分鐘。表現良好的話，我們給他們休息一天。我們不是只告訴他們回家去做練習而已，還給他們聽錄音帶。為了家庭作業，他們要一直聽帶子。他們也要做一些工作手冊上的覺察練習，並寫下自己的思緒和感受。

心靈探險

一天用四十五分鐘來保持無為狀態，是個很大的生活轉變。佛教徒的傳統稱讚這是走向圓滿、減少破裂的必要過程，但在西方就未必是如此。叫人花四十五分鐘如其所如（just be）簡直是反美式風格的提議。這些人來這裡是因為醫師要他們學習去處理壓力，不是為了開悟，也不是為了禪修或瑜珈。他們之所以有練習意願是因為我們把這解釋成一項探險：也許有新的東西好學，可以找到活力的新來源。

在第六週的課堂中，我們有個八小時沈默的避靜禪修活動。大概有一百五十個人，四個人當助理，帶大家進行一整天坐、行、吃的正念，不能講話，不能有眼睛接觸。這對西方人來說是非比尋常的事，特別是那些還沒禪修過的人更是如此。對許多人而言，這是平生第一次腦袋醒著，嘴巴卻要閉上八小時之久。

在診所中，有提到正念訓練的一些重要側面：不評判（nonjudgment）、耐心、接納和信任。同樣重要的是不費力強求（nonstriving）、放下即是（letting go），和所謂的初學者的心態（beginner's mind）。

我們不想把不評判、耐心、接納和信任的原則，當成是佛經的訓示來一條條灌輸給學生，反而是想利用每週討論家庭作業和禪修的機會，把它們很自然地介紹出來。不過，這種討論是相當清楚明確的。我們會談到很多不作評判的自我觀察（nonjudgmental self-observation）。舉例來說，當我們討論完第一週的禪修時，有些人體驗到深層的鬆弛感，對這點興奮不已，其他人卻只感受到緊張和痛苦，或是每次想禪修時就睡著了。他們於是開始評判自己，覺得自己做得不夠好，我們就會提醒他們說，他們唯一的工作就是去觀察，去看明白，而不是去評判。我們也會提醒他們耐心一點：「有些人雖然第一週就有好體驗，但你不是非得趕上他才行。只要當下這一刻你有在修行，就好啦。」

接下來，我們會介紹接納和信任。**信任的對象不是我，不是達賴喇嘛，也不是任何外在權威，而是你自己的內在自性**。這是最重要的事，因為我們在宗教情境中常常太快就把別人捧做英雄，把自己看成什麼都不是。所以，大家負起自己生活的責任就變得很重要，千萬不要淪落到只接受權威的講法，而發揮不了自己的開創力量。

不費力強求也是正念練習的另一個重點。這種不加把勁去達成目標的作法，也是很反美式風格的。它之所以會被提出來，是因為每個人都會說到自己的問題要怎麼解決才好。我們房間裡大概有三十人，每個人都有問題要說，比如說她要降血壓，他要治頭痛，還有愛滋病患者要如何面對死亡的來臨，以及如何面對已經斷絕往來的家庭成員。每個人都飽受身心之苦。我們一開始就說得很明白：「現在你可以提出自己的問題，可是我們要你的心思停止評判的動作。在未來八週內，不要胡思亂想你有什麼問題。別做任何額外的事情，只要做完家庭作業，看看情況會如何發展就好了。在這個計畫結束後，你可以跟我們講效果如何，但是千萬別期待我們去幫你降血壓或把痛苦拋出體外。別去費力強求吧。」我們可用一句話來總結這些情形：「我們會教你如何鬆弛的方法，以後你對緊張就會感到很自在了。」

我們也想讓大家體會一下初學者的心態，它是在講每一個當下都是鮮活的。你若是因為禪修資歷久，認為自己到達了某種境界，就很糟糕，因為「你」和「境界」都會成為問題所在。重要的是你要保持一種鮮活感，不要去想說「這我老早就見過了」，或是「我練了三個禮拜，我知道禪修是什麼了。」不管你的體驗是好的、壞的或中立的，不要把它們投射到未來，想說「因為我今天修得不錯，明天我也會修得很好。」其實，對於大多數西方人來說，這整個活在當下的觀念是非常新穎的。我還可以補充一點，這對整天在思考的知識份子和學者來說，尤其困難。

還有一個重要的側面是放下，這是一種看分明卻不沾惹的能力。我們要把放下和推開(pushing away) 做個區別。**放下是讓事物如是存在，不加以執著**。

我認為他們若能練就這些放下、初心、不費力追求、不評判的品質，就可產生某種智慧。人常常不知道他在執著；正念則能讓你看清執著。即使你不能放下執著，至少你已覺察到它，光憑這點就比以前有智慧多了。

我們在身教中也傳授其他生命品質：寬宏、慈悲和同情的喜悅。在西方而言，光講慈悲是非常矯揉造作的事，我們試著在人際互動中體現這些生命品質。當課堂中有人經歷危機，或痛哭失聲時，不管是什麼情況，都有很多種慈悲回應的方式。那時候，如果有人能夠出自真心，而不是用頭腦來回應，就代表他是位技巧好的老師。許多生命品質還是由身教傳授最好，西方醫學對這點不很瞭解，反而是創立很多藥劑、注射等技巧，以應用到有需要的人身上。就算是教鬆弛或冥想的心理治療師，也不瞭解自我進修的重要性。畢竟，他們自認為醫師或心理治療師能有什麼不對的地方，病人才是有問題的人，或需要服藥的人。這種導向跟我們的模式很不相同。我們診所不會雇用那種沒有經年累月密集禪修的人。然而，你卻可看到許多練習多年的人也無法勝任教導一職，這裡頭有許多原因。所以，要找到一位合格的老師，還真不容易。

我曾提過這訓練的大部份都落在如何從有為造作過渡到無為自然，以及培育出心靈的鎮靜和穩定。我們常把心識比成水面，當強風吹襲時，就會波濤洶湧。人們誤認為這波濤不平息不可，就好像放個大玻璃盤在波浪上頭，他們就會鎮靜下來。但是你可潛入波浪下十或二十尺，並讓浪濤如是洶湧。經由觀察這多變的波濤，你就可學習到如何接觸內在的平靜感。你不須讓平靜感發生，它早已如是呈現。呈現的技巧端在於學習如何在自身內接觸它。因此，練習的精神不是把平靜感當成目標。

依我的瞭解來說，**禪修大體上是一種存有的方式**（a way of being），**一種產生正念品質的能力**。與其說在某些時段練習操控注意力，還不如經由不間斷的覺察，把你所有的生活變成你禪修練習的表達作品。不管有沒有預期的事發生，不管善或惡，你一樣可培育出覺察、冷靜的不執著和清晰觀照等品質。總之，這不是你要做的某事，這事是無為。

身體掃描

我說過禪修不只是技巧而已，我們傳授的主要形式技巧是把呼吸當成覺察的主要對象，因為呼吸是從身體層次開始修的基礎。

第一個技巧是身體掃描（body scan），而非靜坐。因為，來找我們的人有些是背痛，有些是坐輪椅或撐拐杖的老人，我們一要求他們雙腿盤坐的話，下堂課就見不到他們了。而且，這也會讓人誤解禪修就是要用蓮花坐姿來打坐。所以，我們的作法是讓人躺下，要求他們注意呼吸，從丹田開始覺察出入息。然後，再請他們把注意力轉到左腳的大拇指上，並與出入息連結起來。當他們吸氣時，從鼻頭開始跟著入息直到腳趾。然後，他們再沿原路跟著出息回來。當他們跟上跟下時，會產生身體被抹消，而且愈來愈透明的感受。每一次他們呼氣時，就可以嘗試釋放身體那塊區域的緊張感。如果緊張感流洩出來，那就好；如果沒流洩出來，那也無差。他們一旦有感覺產生時，就會專注在那兒，與感覺同呼吸。

然後，他們再把覺察力從左腳往上移，逐漸掃遍全身，不管是皮膚表面或較深部位。這趟掃描之旅的路途很長，約須花費四十五分鐘，在每一個當下他們都要看清和放下，看清和放下，一直重複這動作。他們必須要連續兩週，每週六天，每天練習四十五分鐘。

所有這些人都有嚴重的醫療問題，他們對身體不適部位也有強烈的情緒。當他們做身體掃描時，便學習去純粹只是經驗身體每一部位的感受，包含有問題的區域。他們要學習在那個當下就接受那個部位的感受，並把它放下，再移往另一個部位。然後，人們開始會感到非常鬆弛，並想要睡覺。許多人從小孩開始到現在，都不曾覺得在自己體內會如此舒服。也有人不能從左腳拇指再進一步，或是只能進到膝蓋而已。一旦他們不會昏沈睡去，而能保持覺察力隨時警醒，並能學會賞識身體的話，就可體會到從來沒有過的鬆弛感。那就是我們使用身體掃描的理由之一。它也會讓你忙碌不已；它讓心識幾乎閒不下來。

達賴喇嘛：

在密集金剛密續（*Guhyasamaja-tantra*）中，有個跟身體掃描很類似的法門，我們稱為金剛誦（Vajra Recitation，譯按：金剛誦是密宗修氣的次第之一，主要目的是透過念誦三個金剛自性的咒音，來解開心輪的脈結，使氣能經由心輪中央點進入中脈，而證得不壞的金剛身）。古代大德曾說過，資深修行者能用金剛誦來治療某些疾病，比如說他們的眼疾。

喬・卡巴金：

我想我們都很有興趣聽這金剛誦的內文。

達賴喇嘛：

但你要先接受灌頂，才能修這法門。（笑聲）

喬・卡巴金：

練完身體掃描後，我們接著會介紹坐禪（sitting meditation）。

當人們開始靜觀呼吸時，就會發現把注意力放在呼吸上，不是件容易的事。他雖然會很吃驚，但也因此瞭解到心識有它自己的生命，不會因為你決定要它待在呼吸上，就乖乖就範。不過，這對他而言，也算是個重要的正面發現。一旦他們覺得浮沈在呼吸的起伏波浪上挺舒服時，然後在每個當下又沒有起評判的念頭，那麼我們就會教他們把覺照的範圍擴及全身，這跟掃描不同，這只是把身體感受當成一個整體來覺察而已。如果說，在某個特定區域中有著強烈的痛感或情緒困擾，他們就可以選擇專注在那兒。如果沒有要求注意力關照的身體區域，那麼他們就可以專注在整體的身體感受上，把這感受當作很圓滿，不須加添，也無須依戀。它就是如此本然安住。

其實，健康和疾病的概念跟身體和心識的概念很類似。我們其實不知道健康的意思是什麼，因為西方醫學都在研究疾病為何，如果你想要研究健康為何的話，也沒有基金可申請。我們也許會想說健康就是沒有疾病的狀態，可是這個定義很含混，因為健康顯然有許多不同的層次。比如說，二十歲小伙子的健康狀態就跟七十歲老頭子的健康狀態不同。而且，健康也應該包含了疾病。例如母親希望小孩早點出麻疹，以後長大就可以免疫。所以，疾病有時候能夠把身體導向更良好的健康狀態，因此它應該是個動態平衡的概念。

動態平衡是西方的新疾病觀點。老觀點則是把疾病看成反派，務必要趕盡殺絕，才能

還我健康。但是真實的情況遠比這複雜，尤其是西方人大多罹患跟生活風格有關的慢性病。比如說，你就算有的是錢來動手術，也不能抽換所有不中用的血管，就以為一勞永逸了。因此，繞道手術（bypass surgery）是非常昂貴沒錯，但同時也繞開了問題的根源。因為，動脈阻塞有生物學上的原因；如果你把那截阻塞的血管拿掉，換條乾淨的導管，也無法改變造成疾病的基本原因。然而，行為醫學的新證據已經顯示禪修、瑜珈、運動和素食的結合，可以不必吃藥或動手術，就能令阻塞的冠狀動脈暢通，使更多血液能流向心臟。所以說，心性既能改變生活風格，就可知它治慢性病的能耐有多強。

在教完身體掃描和坐禪後，我們把坐禪的觀照領域擴及到聲音、感覺狀態和思想流。如果你去觀察思想，會發現它有自己的生命。當它消散時，你只管繼續觀察，不要盲追那串連不停的思緒。而且，我們鼓勵他們只花短時間來觀察思緒。因為，要去觀照在意識波浪中湧現的思想絕非易事，那對初學者而言太過吃力了。

我們在結束坐禪時，會介紹一個無相（formless）的禪修技巧，它叫做不加揀擇的覺察（choiceless awareness），它沒有任何固定對象，只有純粹的覺察。這很難辦到。我們也不期望他們花長時間練這技巧，而且我們把它簡單界定為從特定的對象轉換到更寬闊的游動視野。舉例來說，你能夠培養出一種彈性，讓你能從冷靜清晰地觀察思緒，移轉到感覺的覺察，同時你又能分辨出兩者的不同。

我們也會做些健身瑜珈，這是一種強化和馴服身體的系統，可以鍛鍊出身體的彈性與和諧。每個人對瑜珈的想法都不同。很多人都是基於貪婪或自戀的理由，來練瑜珈，這實在是一點智慧都沒有。雖然健身瑜珈與佛教原本無關，我們還是把它與正念並提，使它成為佛教禪修的形式。許多上我們課程的人從來都沒鍛鍊過身體。他們不管到那兒都是開車去，也沒運動，過著習於久坐的生活風格。物理治療師有句名言：「如果你不鍛鍊它，你就會失去它。」這不只適用於肌肉，也同等適用於血管、關節……。運動對人非常有好處。所以，我們教人在動靜之中，都要對身體秉持正念，以充分覺察動作如何進行，健身瑜珈在此就很適用。

禪修練習不是技巧，而是一種生活方式

我曾經與高曼共同進行一個研究，他發展出「認知的身體性焦慮問卷表」（Cognitive Somatic Anxiety Questionnaire），以用來測定人們所感到的焦慮屬於身體居多，或屬於心智居多。舉例來說，有人感到壓力好像是在胃裏飛舞的蝴蝶，或像是身體中模糊感到的焦慮，也有人從認知上回答說壓力引發焦慮的念頭。我們已經注意到有人喜歡身體掃描，卻討厭坐禪；也有人喜愛瑜珈，卻厭惡身體掃描。一旦人都學會了坐禪、身體掃描和健身瑜珈之後，我們會問他們對三者喜歡的程度，並請他們以一到一百的點數來作答。三者之中，坐禪最為認知取向，因為你只是觀察思緒，卻沒對身體做什麼事。身體掃描則較身體取向；當你掃描時，你用心意遊遍全身。瑜珈則是最身體性的，因為你只是在移動身體而已。對於認知性焦慮較高而身體性焦慮較低的人來說，他們最喜歡把焦點放在身體上的瑜珈，因

為他們平常用太多腦袋。然後，他們次喜歡身體掃描，最後才輪到坐禪。感到焦慮在身體較多的人則是最喜歡坐禪，其次是瑜珈。

我們也會教非正式的正念練習。**這些練習不是技巧，而是一種生活方式**。我們要培育出在每一時刻都能滲透所有生活側面的覺察力，所以要專注在全身出入息的調節上。同樣的，我們在第一堂課就教人進食的禪修（eating meditation），而不是身體掃描，亦非調息。這是我從內觀老師那兒瞭解到的上座部傳統。我們每一個人發三顆葡萄乾，一次吃一顆，而且要念念分明地吃足五分鐘：觀賞、移動、試舔、放在舌上、入嘴、咀嚼、感覺味道。你現在或許能在想像中親自品味一下。西方人對吃可說是最沒正念了。我有很多病人都為體重問題而困擾，因為他們焦慮或沮喪時，就想吃東西，明明身體都不餓，可是心識受到情緒失調的影響，就感到餓得要死。這種貪婪的進食習慣永遠得不到滿足，也明智不起來。我們把正念帶入進食此舉，就是為了要培育一種嶄新觀照事物的方式。

我們也教立禪（standing meditation）。例如你在等巴士時，為何不對站立念念分明：腳觸地的感覺、身體、呼吸……等等。下一次你排隊購物時，就不會不耐煩，只要進入立禪狀態就好了。我們可用同樣的道理，來步行或從事其它例行活動。我們可做洗盤子禪、丟垃圾禪、打掃房子禪、洗澡禪。正語禪則包含了對實際說話的正念：語調、距離、傾聽……等。

在第三週課程時，我們要去熟悉快樂的事件。因為，我們經常心有旁騖，在碰到快樂事情時，壓根兒都沒注意到，可是對不快樂的感覺卻常記在心。所以，我們的家庭作業是指派學員要連續一週天天記錄快樂的事情，而且要設身處地去銘記才行。如果他們忘記自己身處樂境之中的話，可能待會兒就會記起來。理想上來說，他們應該當下就能返觀內照，對於身體的感覺、心識的思緒、感受和隨之而來的行動，都能一一清楚察覺。

把九點看成方形，卻沒看到整個背景脈絡

接下來一週，我們則是處理壓力和不快樂的事件。我們要念念分明於身體、思緒、感受和行動，才能把焦點放在壓力源（stressors，使我們生活感到壓力的事物）的知覺上。你只是照見它們，你不必改變它們。比如說，有位充滿敵意和憤怒的仁兄把你惹火了，接下來，只要你對情緒交流的過程念念分明，便可以避免情緒反應出現。當然，你在早期階段時，難免會有情緒反應出現。可是，一旦你靠禪修培育出安穩和鎮靜的氣質後，即使是碰到以前自己會很惱火的情境，也能輕易鎮靜下來。因此，他們就不會凡事訴諸情緒反應，反而是用正念來回應。只要你覺察力沒有間斷，就能保護自己免於壓力反應的摧殘，這對冠狀動脈疾病的患者而言，是很有用的。所以，我們跟很多病人說，如果你再不學習去應付壓力，下次你心臟病發時，可能就是你身亡之日。對他們而言，重要的是避開全力襲來的攻擊或逃離反應，血壓才不會上升。

我們有些教導就是要幫助人們改變對事物的觀點。如果我們像自動導航器那樣到處跟人周旋，就無從辨別哪些事物較為珍貴。舉例來說，有些人在五、六十歲時，感到人生徒

傷悲，因為他們之前忙著工作，沒有用心撫養小孩，結果就沿用老一輩的教育方式，卻忘了他們過去為此而痛不欲生過。或許，西方這種撫育小孩的方式正是我們低自尊的理由之一。

我們為了與他們溝通，在第一週時就給他們玩益智遊戲，以表明我們挑戰或擴大他們視野的決心。遊戲是要求你在三排各有三個黑點的平行列上，一筆連完這九點，而不用再畫第二筆或折返回去。很多人為此感到焦慮。有時候，他們還花整個禮拜的時間跟這個益智遊戲奮鬥。當他們解不開謎底時，就變得對事情很計較，也容易發怒。他們最後不是責怪這是什麼問題，就是自責而羞愧。可是，這些都不是我們的目的。

心識有一種看問題的方式，雖然這看法有點不周全。它習慣把這九點看成一個方形，卻沒看到問題的整個背景脈絡。我們的神經系統、視覺裝置和思考習慣也讓我們太快進入狀況，無法停下來看整個問題的脈絡何在。一旦你擴充覺察的領域範圍後，新的選項和解答就隨時能夠出現。就算你真的搞不懂這個問題，也不必自責。

這一點對問題的解決很重要。如果你心態很堅定，當你卡住時，你會繼續咬住這個問題。但要解決問題還是得靠穿透性的覺察力，才能對問題有新鮮的觀點，這部份屬於科學的創造性。當你端詳這問題好一陣子後，你只要把它放下，然後新的景象就會與擴充的覺察領域一起出現。

個案研究

我要講一位五十四歲的婦人在我診所治療的前後狀況。她在幾年前死於紅斑性狼瘡，這是一種免疫系統攻擊身體正常組織的自體免疫性疾病。但她也有嚴重的心臟病，所以她是由心臟科醫師那兒轉診過來的。她做過動脈的繞道手術，而且還有另外兩條心臟的主動脈無法動手術。她血壓很高，又有關節炎，對很多藥物過敏。

她因為狼瘡很難醫治，就常來醫院報到。有時候，她的臉和身體腫得讓人認不出來，這是因為她服用了劑量很強的類固醇。她往往在感恩節前就來醫院了，直到聖誕節時都還待在這兒，可是醫生也無法告訴她何時能不用再來這個令她魂斷心傷的醫院。最後，她總算能夠用禪修來達到深層的平衡，而終於與她的疾病和平共處。

她那時候高得不像話的血壓,在減輕壓力的課程中已經緩降下來,也不會再回升上去。我們後來對她追蹤調查了很多年，她的血壓還是在緩降之中，並一直降到她最後停止用藥為止，而且她還能用這些技巧把血壓完全穩住。當她開始參加這個課程計畫時，她睡得不好，八、九週後，她就睡得很安穩了。當她在家練習身體掃描時，從腳趾往上掃描到頸部的過程都很順暢，但在頸部感覺就被堵住，沒辦法上推至頭部。她在課程開始後兩週，便在課堂上告訴我這個情形。我告訴她不必擔心,可試著由肩膀或體外繞上去。她照做之後，就能繞開障礙，直達頭頂。

直到下一次身體掃描時，她才在錄音帶上聽到「生殖器」這個詞。可是，她已經聽這卷錄音帶快兩個禮拜了，卻從來沒聽到這個詞。這個詞明明就在錄音帶上，她聽了一遍又一遍，卻選擇性地把它排除。認知心理學家認為我們會對任何時刻的內外資訊，做一番選擇性過濾，並據以創造我們自己的實相。所以，她才會一直都沒聽到這個詞。

當她聽到這個詞時，她感到潛意識中有個壓抑已久的經驗又重新浮現，而且她能確實回想出這個經驗的詳情。她記得自己在四到九歲時，定期受到父親的性虐待。可是，她一直把這件事壓抑在心底，直到最近，有了五個小孩的她，在近十年之間接受心理治療後，才能像這次一樣能夠那麼貼近事情的真相。無論是什麼理由，身體掃描啟動了這個潛藏的記憶。隨著這個記憶而來的，還有另一個場景。那是她九歲時，她跟父親一起在客廳玩，可是她父親突然因心臟病發作，倒在地板上死去。她那時候嚇壞了，一個人蜷縮在角落裡。你可以想像她的感覺有多複雜，因為她愛父親，但他又是折磨她的人。她母親過一會兒進來客廳時，就為她父親之死譴責她，因為她沒有去通知母親。她母親氣得拿掃把猛打她的頭部和頸部。

我相信這世上有很多人身上背負著這一類的苦難。我們看到很多人有悲慘的童年經驗，要處理這種悲痛的唯一方式便是讓他們與心識隔絕。在從前那一段日子，你根本沒機會談這種問題。一直要到四十年後的現在，我們要如何認識童年創傷的問題，以及如何教導小孩在受虐情境中求救，才有較以往更老練成熟的處理經驗。

在她回溯受虐經驗的那一天，她打電話給我，寫給我一封信，又來醫院。這個經驗顯然對她影響很大。她不僅增加了心理治療的會談時數，也參加了亂倫受害者的團體。她還是繼續禪修，最後終於達到她很珍惜的修行境界。對她來說，這是一個不可思議的發現，也是一種解脫。回想我第一次碰到她時，她的病歷檔案堆積有三尺高。她有心臟病、高血壓、關節炎、狼瘡、過敏，以及所有肌肉和骨骼系統的問題。當你童年壓制過這種受虐痛苦時，它會將身體的內在平衡與和諧都甩在一旁，並在某個深奧的層次上造成身體調節機能障礙，因而形成疾病。

這只是我們診所內數以百計病人裡其中一個的故事。這些病人不是說每一個人都有如此戲劇性的經驗，但是在八週課程結束後，大多數的人都覺得接觸到自身早就存在那兒的深層事物，他們感覺這件事實在棒透了。這讓他們接觸到一種從童年至今尚未有過的感覺狀態，還有一種歸屬感，或是那種生活收歸己有的感受。

當我們開設這個課程時，我們曾懷疑說一般美國人是否有意願來練習禪修，我們也不知道另外免費提供瑜珈的服務，是不是一件更加瘋狂的事？經過十五年來的檢證，答案是主流美國人不只願意以紀律來遵循至少八週的禪修規定，他們甚至愛死這禪修了！

我現在要大概介紹一下減輕壓力課程的一般成果。我們對幾乎有一千兩百位轉介到診所的病人，進行為期超過兩年的研究。首先，我們要知道有多少人完成全套的課程，有多少人中途放棄，因為這是一個衡量診所有多好的標準。在一一一五個病人中，我們對百分之七十五的病人做過初步訪談，其他沒訪問到的人不是有事沒來，就是我們聯絡不上。在受訪者當中，有百分之九十的人登記過這個課程。在登記者當中，有百分之九十二的人實際上過課。在上課者當中，有百分之八十的人結業。這種成果可說是非常理想，特別是我們處理的病人又很棘手。我們常說來參加減輕壓力課程這個舉動，壓力也是挺大的，因為一天要有四十五分鐘都自然無為，這種生活風格轉變就滿大的。我們也必須做出他們很欣賞的事，否則他們也不會待下來。

如果我們把所有轉介過來的病人拿去比他們的病痛問題，並注意他們各種內科症狀的數量，結果發現在八週課程結束後，這些症狀的數量已經降低了百分之二十五。如果我們注意心理症狀的話，這些憤怒、焦慮、憂鬱和身心化的症狀也降低了百分之三十二。要知道，這些人的病痛問題平均都超過八年了，而且至今尚未得到成功的解決。

我們也要找出他們是否有其它更基本的轉變。因為，幾乎任何能減少症狀的事物，時效都很短。像我站起來跳一下舞，症狀就會消失一陣子；或者，他們只要聚在一起聊個天，也會感到有些許好轉。我們為了要知道是否有更深奧的事情發生，所以我們會注意有哪些人格因素的量度單位，可用來增強抵抗壓力的能耐。這些量度單位是能幫助人對付壓力的觀點，就像您提的僧侶情形一樣，他那種世界觀能夠幫助他們忍受監獄和任何艱困處境，卻很少會留下深層的心理傷痕。今天如果是換人來身歷其境，卻沒有那些堅強的心理因素的話，他們可能就無法存活，或是內心傷痕累累，失去生活能力。這些量度單位有一些是由德國集中營倖存者的研究成果而來，像慈悲就是其中之一。一致感（sense of coherence）則是另一個量度單位，此詞意指不管在多麼令人驚恐的情形下，仍然有瞭解自己身上發生什麼事情的堅定感受。這個感受跟自我效能（self-efficacy）有關：你相信自己能夠從種種忍耐的生活經驗中，發現生活的意義。這些量度單位都假定一種不會改變的深層人格結構，當然在短短八週內，更不可能有所變動。但是，就我們的病人而言，我們發現他們的一致感指數在課程中平均增加了百分之七。這看起來好像不多，可是人格心理學的研究者便知道百分之七的平均變化是很巨大的變動。所以，整個課程練下來，不僅是疾病症狀的數量降低，深層的心理因素也確實有改變。

我們發現有個稱為壓力耐受性（stress hardiness）的量度單位，也有增加的跡象。它是由三種事物組成：控制的感受、對生活經驗活潑化的承諾，以及把生活變動視為挑戰的能力。對許多人而言，生活變動是個非常大的壓力。正當你感覺生活很舒適時，往往事情一有變動，你就不知道自己要怎麼辦才好。如果你能在生活變動中，學習對事情的無常和流動有念念分明的認識，那麼你就不會把變動看成是個障礙，反而把它當成一種挑戰。再一次的，整個課程練下來的結果顯示出壓力耐受性有百分之六的變化。這只是一個初步的證據，暗示病人的心識結構有很大的改善。有人會對此做更精細的研究，以決定這些事情是否很重要，這我待會兒就會介紹。但是也有人建議說，在這些慢性病痛患者身上的重大改變，不只是發生在他們生理痛苦和心理問題的層次上，也發生在他們看待世界的深度觀點的層次上。這等於是又回到九個點的益智遊戲上。在他們對自身與世界關係的觀點中，有某些東西在改變。他們覺得與世界更有關聯，更為完整，以及最好走出去處理他們的痛苦，而不必讓它來糟蹋和損壞他們的活力感。

合一動機（oneness motive）是另一個有類似改善情形的量度單位，它是一種歸屬感或關聯感，我們把它縮寫為OM，這我喜歡。我們會用不同的方式來測量合一動機，所以它比較不像其它量度單位一般，有同樣的偏見。我們不做問卷調查，而是請病人用一個故事說出他對圖片有什麼反應。心理學家就會分析這個故事，看看是否有反映出合一動機或深層的統一感。在控制組中，我們在禪修前就先花了八週的時間來研究他們，合一動機的數值並沒有變化。當他們經歷禪修訓練時，合一動機的數值就有顯著的增進。合一動機和其它像人際合作信任度（affiliative trust）這一類精密的心理量度單位，已經受到一些心理學單位的免疫學研究的運用，這個研究也是我們與哈佛大學麥克蘭（David McClelland）醫師合作的成果。

正念禪效果

我們每一次上課時，都會得到相同的上述成果。因為，在課程開始和結束之間，身體症狀和心理症狀的數量就有很明顯的降低現象。在對受過禪修訓練的人進行後續研究時，發現他們症狀的數量在往後四年中都保持低水平，這算是一種有保持改善的證據。我們也質疑他們一大堆有關禪修經驗的問題：他們是否仍然在禪修、多少、多常，他們用什麼技巧，他們是否有非正式的練習……等。有百分之九十三的人說他們四年後仍然在練課堂所教的東西。有百分之四十五的人仍然一週三次、每次練習十五分鐘的正式禪修，四年如一日，沒有絲毫強迫。

當他們為了慢性病痛的問題而來時，男女生對訓練的回應態度有很大的差異。一般來說，女生比男生有更多正向的回應，這點可能是因為女生想要病情好轉的動機比男生強多了。然而，病人的問題若不在病痛，而是跟壓力有關的心臟病或癌症時，這點就不適用了。女生似乎是在處理病痛方面，比男生特別在行。關於病痛方面，結果顯示出病痛的頻率和嚴重性、身體症狀和心理悲痛都降低了。至於，壓力耐受性和一致感的人格度量單位也有所增進。

如果我們注意個體病痛的診斷，我們可以看出禪修的影響力：在身體症狀上降低百分之四十至五十，在心理悲痛上也有同等下降的幅度，在抗衡壓力的人格度量單位上也增加了百分之四至八。在心臟病、高血壓和消化道疾病方面，也有相同的改變模式。可見，這個模式是獨立於診斷之外。有超過百分之八十的病人報告說，在生理和心理症狀上都有一定的下降幅度。當然，也不是說每一個人都對禪修這麼有好感。有百分之十五至二十的病人不但覺得禪修怪怪的，也不瞭解說為何要採取這種治療方式，以及我們為何不直接矯正他們的身體毛病。

當你在運作一個診所時，很難找出一個適當的控制組，但是你能與其它診所轉介過來的病人做比較。我們就這樣進行了一大堆核對過其它實驗結果的研究，並且發現其它診所用醫學干預方式，並沒有讓慢性病痛患者得到很大的改善。可見，在醫藥治療之外，動員心性能力來幫忙，是比單靠醫藥治療還要妥當。

我不等同我的思緒，也不等同我的苦難

我們與精神科部門合作過一個特別的研究，目的是要觀察恐慌症患者的禪修訓練成效（我們大多數的病人不是從精神科來，而是從一般內科那邊轉介過來）。這種病與患者的主觀心境息息相關，與外界環境的事物則毫無瓜葛，因此它有下列的臨床特徵：他們幾近失控，又驚嚇萬分；他們的心跳速度和血壓都一路往上衝；他們認為自己心臟病隨時會發作、呼吸也很困難。我們為了實驗的客觀性，就讓我們精神科醫師的同仁來負責測試工作。當課程一開始時，這些患者的焦慮程度就一路走高，然後才又緩降下來。在第六個禮拜時，我們有個一整天的課程，規定每個人都要窩在室內八小時，而且不能和別人說話，有人很怕待在這種情境，監控機器就會馬上發出嗶嗶聲，然後他們就得花好大的工夫來減輕焦慮。在課程結束後，我連續追蹤他們好幾個月來的近況，好像都還滿平穩的。這些治療成果都沒動用到藥物。他們的表現也跟服藥組的患者一樣好。焦慮和恐慌通常是跟憂鬱結夥同行，因此我們看到憂鬱也是同一種改變模式。

最近幾年來，許多醫師都對禪修很感興趣，我們趁這個機緣，就跟不同領域的專科醫師合作過很多次，其中包含胸腔科醫師。我們跟胸腔科醫師合作的經驗很棒，那次合作是處理在美國常碰到的慢性阻塞性肺病（chronic obstructive pulmonary disease，縮寫為COPD），這種病幾乎全都是由抽菸所引起，有些人則是因為在工作場所中吸入有毒化學物

質，才得到此病。患者因為喪失了肺部的彈性回縮力，肺內壓因而減少，導致呼吸困難。呼吸困難有時又會引發煩燥和恐慌。我們訓練患者用正念來進行肺部復健計畫，只要每天透過禪修練習多與自己的呼吸親和一些，他們就會覺悟到呼吸困難時，根本不必在那兒窮驚慌。終究來講，他們呼吸困難的經驗在發作頻率和嚴重程度上都有緩降跡象，他們對自己掌控呼吸能力的信心也大為增強。禪修訓練和正念已經變成整個肺部復健診所的核心基礎。

我們也曾跟皮膚科診所合作過，那時候是處理一種叫做牛皮癬的皮膚病。它有點遺傳性，但其機制還沒被充分瞭解，有壓力時，它會惡化。患者的皮膚細胞長得很快，某些部位的皮膚會變得鱗片化，或是全身都這樣也不一定。治療方式是遮住雙眼站在一個很像電話亭的盒子中，接受紫外線燈的照射，就能防止細胞分裂，緩慢它們的成長速度。我們就在想，反正他們也要站在那裡面一段時間，何不教他們立禪的功夫呢？如果我們把心性能力也納入治療因素的話，他們應該能痊癒得更快。由於他們暴露在紫外線下會有皮膚癌的危險，因此痊癒速度就變得很重要。當他們赤裸裸站在裡面時，我們要求他們用耳機聽錄音帶，並觀想光線正在撞擊皮膚，因而能細胞的成長速度。

我們比較過兩個團體，一個是接受正規醫學光線治療的團體，一個是另增禪修訓練的團體，存活曲線顯示那些只接受光線治療的人，沒有一個完全治癒。他們大多要花四十週的時間，才能掃除一半的症狀。而且，統計數據也強力顯示有禪修者比沒禪修者清除速度快很多。

更有效的治療方式則是吃藥和紫外線照射並行。在另一個小團體的研究中，所有禪修者大約花了三十週的時間來清除症狀，比沒禪修者快多了。我要強調這證明不了什麼事情：它只是建議說，心性也許能在治療過程中盡一點職責而已。當人們來參加這個計畫時，我們告訴他們把療病的期望留在門口，只要專注在每一時刻的念念分明上，並把自己所思所念深深看透。雖然我們看到他們的病情有很大的好轉，可是他們從這個課程中所學到最重要的事，往往不是他們當初想要的東西，而是一種比病情好轉更深刻的東西。

當我們問他們在禪修訓練計畫中發現什麼東西時，他們提到兩樣東西。有一樣東西，我覺得很有趣：他們說是「呼吸」。我就問說：「你的意思是什麼？你來禪修前，不是就呼吸很多年了嗎？」他們的意思是說，他們新發現到一種覺察力，可以察覺到呼吸有一種特異功能，能夠擴增自己對於全身上下各部位的敏感性和覺知性。也就是說，**隨著呼吸而來的是一種鑑賞身處肉體狀態這個奇蹟的眼光，即使這具身體有傷殘，也不會造成任何影響。每一個呼吸，每一個剎那，都是個奇蹟**，當你直接體會到這個事實時，它就活化了你的生活品質，因為你不會再忽略掉那麼多的時刻。他們提到的另一個東西則是「**我學到我不等同於我的思緒，再延伸下去，我也不等同於我的疼痛或苦難。**」

正念和醫學訓練

我現在要轉到醫學教育的問題，這不只是針對醫學生，連醫師也包含在內。醫師本身有一大堆壓力，因此他們要確保醫學生也有同樣多的壓力：「我們這樣子學醫，所以你也要這樣學。」在教人發展出足夠的慈悲、同情、謙虛和平靜等生命品質這方面，醫學教育並不擅長。醫師必須面對那些經歷過重重苦難的患者，可是他們却沒受過這方面的訓練。我們必須開始用正念的練習，來訓練醫學生和醫師，以增進他們跟病人溝通和互動的能力。

我們現在教導醫學生傾聽的技巧，因為醫病關係對治療過程極端重要。醫師除了用藥之外，其實還可以做得更多，所以他們大可以來學習密切傾聽、慈悲和覺察力等醫學藝術。當他們從醫學院畢業時，他們通常會聽到一個有關慈悲、謙虛和平靜的演說，但是沒有人教他們如何培育這些品質。在西藏傳統中，如果你要培育慈悲或謙虛，你大概要花三、四十年的時間。在西方，我們是在畢業典禮時談一下這些漂亮的理念，但是沒有人會費事去教你培育這些品質。

當學生到來時，他們在醫學院頭兩天碰到的第一個人就是我。我告訴他們禪修是什麼，以及心性在身體健康和疾病裡扮演的角色，並建議他們在醫學院時就要學會保護自己。因此，他們就不會在醫師的養成過程中忘記自己是誰，以及他們為何要成為醫師的初衷。這是一個很嚴肅的問題。如果，你在努力爭取自己所要事物的過程中，擱置了自己精神生活的發展，當你得到所要的東西時，你也許不知道當初為何要這東西的理由了。美國的醫師有很高的自殺、酗酒和藥物濫用的比率，因為他們從來沒有受過抒解壓力的訓練，才會飽受壓力之苦。

所以，我們現在用八週的減輕壓力課程來訓練醫學生。它並不像病人組那樣密集，他們每天回家只須花十五分鐘來練禪修就可以了，因為他們沒有那麼多四十五分鐘的時間。當八週課程結束後，他們不想停下來，所以我們繼續練了八個月，但是這是有選擇空間的。他們練這並沒學分，也沒考試，家庭作業和課堂出席也不是強迫性的。課程的基礎是愛心，和關心生命的活力泉源，以及覺察力。因此，它才這麼受歡迎。我們也有安排選修課程，好讓他們觀察診所和患者的情形。除了醫學生外，我們也訓練醫師、住院醫師和實習醫師。我們想在醫學教育中引進禪修和身心合一的所有概念。

理論物理學家波姆（David Bohm）在他《整全性與潛藏秩序》一書中，就指出禪修（*meditation*）和醫學（*medicine*）兩個字來自於同一個印歐語系的字根。在拉丁文中，mederi意謂著治療，但是其真正的字源意義是測量。你也許會想說禪修或醫學跟測量會有什麼關係。如果你把測量想成是外在的尺度標準，那就完全無關。但是這個字根是比較指向柏拉圖的內在正當尺度（right inwald measure）的理念，那是一種讓事物如其所如的性質。當每一個事物都在平衡狀態時，身體的內在正當尺度就是健康。所以，**醫學就是在身體失衡時恢復內在正當尺度的藝術；禪修則是對內在正當尺度的直接知覺。**

註釋：

註一：無我（*anatman*）字面上來說是沒有一個常恆不變的自我存在，或是沒有我執的意思。在佛教來說，無我的實現就是開悟的根本要務。

註二：存在的三法印是佛教教義的基本前提：諸行無常（*anitya*）、諸受皆苦（*dukha*）和諸法無我（*anattama*）。

7 行為醫學

使用心性能力產生身體治療效果

引言人：丹尼爾・布朗（Daniel Brown）

過去三十年來，生物學和心理學陸續有許多新的發現，這些發現有助於我們整合各種使用心性能力產生身體治療效果的理念。此外，醫學界也累積了不少有關情緒狀態影響生理健康好壞的科學證據。這方面最突出的整合版本大概要算是行為醫學，它是拿生物回饋（biofeedback）、鬆弛訓練（relaxation training）和催眠（hypnosis）等技巧，來治療身體疾病和身心症。

在身體疾病方面，這些方法可以治療的範圍很廣，小自頭痛和慢性疼痛，大到高血壓和氣喘，甚至連化學療法的副作用也包括在內。行為醫學也可以用來治療不良的生活習慣和成癮的問題，如過食、藥物濫用（substance abuse）和抽菸，並且能幫助人進入鬆弛和心神專注的狀態，以增進個人的健康。丹尼爾・布朗替我們回顧了行為醫學的各種方法，並用臨床診療的案例來說明。

丹尼爾・布朗：

行為醫學已經發展出很多種治療取向，包含有自我監控（self-monitoring）、自我調節（self-regulation）、安定（calming）或鬆弛療法（relaxation therapy）、提昇內在知覺（heightening internal perception）和修正自我挫敗想法的認知治療（cognitive therapy）。所有這些取向都是以學習理論為出發點，主張身體必須要養成健康的習慣，也要矯正負面的不良習慣，才能使身體達到一個新的平衡狀態，或是恢復其正常的自我調節功能。

疼痛日誌

我們平常所使用的治療取向是自我監控。我們要求成員記錄每天的症狀。譬如說，我們會要求慢性疼痛患者每小時在日誌上記錄一次他們的疼痛經驗，並且用從〇（代表無痛）到五（代表劇痛）的級數，來評定自己的疼痛程度。他們同時也要寫下每一小時做了哪些事情，情況是如何，還有那時候的思緒和感覺。他們大概要這樣連續寫兩個禮拜的疼痛日誌才行。

我們之所以要求患者學習監控自身的症狀，是為了訓練他們的觀察技巧，以及增強對自身病症和其病理脈絡的覺察力。如果他們繼續全程追蹤疼痛的強度變化情形，只要過一陣子，保證他們就能看清楚情境條件和疼痛增減之間的關係。然後，我們會進而要求他們辨認出高危險的時段。譬如說，如果你每天總是早上八點時痛得最厲害，那個時間就是你的高危險時段。如果你是到週末時才會痛到最高點，平常的工作日反而不會的話，那麼我們會要求他們辨認出高危險的情境。尤其是他們在工作上陷入某種衝突情境時，也許疼痛就會更加惡化也說不定。

刺激控制（stimulus control）也是我們常用的一種方法，它的著眼點在於學習理論。當患者產生壞習慣時，如果放任不管的話，這個壞習慣就會經由學習過程與中立事件產生關聯，而此事件日後就具有引發壞習慣的功能。譬如說，有些人之所以會養成飲食過量這個壞習慣，就是因為他們每次看到屋裡有食物或食物廣告時，就會忍不住找東西來吃。這樣吃一陣子下來，難怪會待在哪種環境就養成哪種習慣。

失眠是另一個例子。它也許有一些短期的原因：有人是擔心考試，有人則是天氣變暖，開窗戶聽到外面聲音。當壓力情境結束後，這些原因就會在幾天到一個禮拜之後消失。這些情況其實是很常見的，可是人們偏偏怕自己睡不著，就開始在床上看書或看電視，甚至把吃的東西也搬進臥房裡。但是，**讓人入眠的關鍵就在於關閉外界的訊息輸入，讓身體進入非主動待命的狀態**。當你躺下來，閉上眼睛，不移動身體，並停止接受外界刺激時，便可活化大腦的睡眠機制。如果你因為讀書或看電視，而活化中樞神經系統的話，你就別想睡了。所以，人們這種應付失眠問題的行為模式，常常會惹出問題來。如果他們聽從我們的指令，把電視搬出臥房，然後要等睡覺時間到了，或是他們深感疲累時，才進去臥房睡覺，大概在接受五次這樣子的治療後，有百分之七十的人就比較睡得著。這表示說很多失眠問題都是由環境塑造和學習過程而來。刺激控制的治療法就是要把環境或情境脈絡如何導致問題出現的過程，納入診療的考量範圍。

行為的自我調節則是另一個行為醫學的治療技巧。假定有人想要戒菸時，我們的療程一開始就是要他們自我監控抽菸的行為，在日誌上寫下每一次想抽菸的時段，並用從〇到五的級數，來評定他們需要抽菸的程度。他們也一樣要連續寫兩個禮拜的抽菸日誌。然後，我們會要他們訂出一個時間進度表，來戒除掉需要程度最弱的抽菸時段，直到他們達成這個目標為止。然後，我們再要求他們設定一個新目標，以戒除需要程度次強的抽菸時段。到最後，他們只剩下需要程度最強的抽菸時段，然後我們再想辦法來幫他們管制好抽菸的衝動。如果你把目標設定得夠低的話，人們就容易享有完成目標的驕傲感，才會往下一個目標勇往前進。他們經由這個技巧，學到了改變自己行為的道理。

鬆弛療法或安定療法是我們使用的另一種方法。要達到鬆弛狀態，就要有系統地訓練身體每一塊肌肉群能緊縮，也能鬆弛，這種技巧稱為漸進性肌肉鬆弛法 (progressive muscule relaxation)。當然，我們也可經由催眠、各類冥想和呼吸練習，以及生物回饋來進入鬆弛狀態。

技巧性的內在知覺原本是瑜珈士或冥想者專精的修行方法，我們也拿來要求西方人據此觀察身體內在狀態的變化。我們發現大多數人的觀察都不精準。令人訝異的是，他們對於血壓和血糖水平等一般性的生理變化，卻有相當精確的估算，可是一碰到要指認特定的生理變化時，就往往沒轍了。因此，我們若是要求他們說出頭痛到底牽動了那一塊肌肉，答錯的比率就很高了。當激躁性腸胃症候群（irritable bowel syndrome）患者的腸壁肌肉劇烈蠕動時，你要他們找出是哪一塊肌肉在作怪的話，他們鐵定找不出來。

有些身上出某種問題的人，分辨能力會特別差。譬如說有體重問題的人常常會把情緒需要和飢餓需求搞混。當他們感到焦慮或哀傷時，會把情緒需要誤認為飢餓需求，然後就會找東西來吃。同樣的，百分之八十有氣喘的人也說不出他們肺部到底有多少條肌肉在收縮。因此，我們為了讓他們能夠掌握生理過程的特定變化，就得教他們如何覺察身體的內在狀態。

認知治療是我們常用的最後一個方法。我們教導患者去察知那些掠過心頭的思緒，並把它們一一寫下來，以便辨認出習慣性的負面思想，然後設法發展出相應的解毒劑。解毒劑就是肯定句或正面思想，他們每天都努力反覆誦念這些東西，好像僧人持咒一樣，以打破習慣性的負面思考模式。否則，有些人老是認為自己的氣喘或頭痛隨時都會發作，逼得我們非幫他們打破那個負面模式不可。

頭痛只是頭痛嗎？

大約有百分之六十的求診病人都說頭會痛，這是我們最常碰到的開場白。頭痛大概可分成三種。第一種頭痛有很實在的生物學基礎，大部份是伴隨腫瘤、感冒或其它感染病而來，有些則由宿醉引發。這些頭痛的起因都在於身體或組織病變所釋放的化學物質。行為醫學無法治療這些頭痛，不過它們大概只佔了所有求診案例的百分之五。另外兩種類型的頭痛分別是肌肉緊張性頭痛和血管性頭痛。據統計，大約有百分之八十五的頭痛都是由頭、頸、肩部的肌肉收縮所造成，因此肌肉緊張性頭痛是最常見的類型。血管性頭痛的發生則是因為血流量產生變化。大部份的病人都是得到肌肉緊張性頭痛和血管性頭痛的混合型，很少是只屬於某一類型。

治療時要針對兩種因素，一種是頭痛的發作因素，一種是頭痛的延宕因素。任何一個我們先前提過會引發頭痛的壓力類型，都會造成肌肉緊張層級和血流量的變化。慢性疼痛症的患者在頭、頸、肩部上會有某塊肌肉一直在收縮，即使他們不覺得頭痛時，那裡的肌肉還是高度緊繃。如果他們壓力在身的話，只要有一點變化，他們都會有疼痛感。那塊肌肉組織也跟正常的不同，因為它蓄積太多碳水化合物的液體，變得很難摸到。

頭痛發作時，血管運動的血流量模式也會產生變化。當一個人容易得到像偏頭痛這類血管性頭痛時，他的血管口徑就會產生一種脹縮變化的特定模式。一開始，皮膚血管會先收縮，特別是要回應壓力時，更是如此。血管收縮可說是個前兆，這算是一種早期的警告階段。在有些人身上，這種血管收縮會延伸為腦動脈的收縮，使得腦部的血流量減少，出現視覺障礙或噁心等症狀。這些早期症狀正是偏頭痛的典型標誌。然後，大約在二十分鐘到半小時後，腦動脈開始擴張，那時患者就會開始喊頭痛了。

當腦動脈擴張時，會產生一系列的生化反應，血小板會聚集起來，釋放出兒茶酚胺。這些化學物質屬於身體的壓力反應周期（stress-response cycle），它們會釋放出其它降低疼痛閥的化學物，使患者對疼痛更加敏感，就連組織也開始發炎。不過，這種無菌式的發炎反應卻跟細菌感染的發炎症狀很像，並使疼痛更加劇烈，這也就是血管性頭痛患者為什麼會連續痛一小時，有時候甚至痛好幾天的原因所在。

一旦頭痛形成後，它有很多盤桓的因素。譬如說，擔心頭痛就會引發自律神經失調，並使肌肉和血流量也發生上述的變化過程。頭痛也可以被制約，因此整個生理疼痛的路徑可以不靠壓力就能自動發作。所以，頭痛患者第一年有寫頭痛日誌的話，通常能夠指認出百分之七十造成頭痛發作的事件。假定這同一批人寫了五年日誌後，他們大概只能指認出百分之三十造成頭痛發作的事件。十年後，他們的指認率大概會跌到百分之十以下。這是因為整個生理反應的模式已經被制約了，所有這些生理變化不需太多外界事件的激發，就可自動發生。有五年或十年頭痛史的患者就常說他們再也不知道頭痛發作的原因是什麼了，它們就是那樣一次一次的發作。而這也就是我們若想了解這些頭痛類型時，為什麼要如此重視學習過程的理由所在。

我們要求頭痛患者所做的第一件事就是每天寫頭痛日誌。唯有如此，我們才可發現每一個頭痛患者通常都有四到六個頭痛因素，其中某些因素會比其它因素重要。在他們自我監控數週之後，我們就能指認出他們的危險模式。然後，我們就會建議他們改變那些造成頭痛的因素。

他們的頭痛日誌是由一系列有頭部圖形的卡片所組成。這樣，他們就能用塗色或標上數字的方式，來指明自己的頭痛區域。卡片上也可記錄你頭痛發作的時間，以及登錄你頭痛強度的等級。不管你是小至沒有頭痛，或是大到嚴重頭痛，每隔一小時你就要評定自己頭痛的強烈程度。我從某位患者的頭痛日誌中，看出她每天早上一起床就劇烈頭痛，白天上班時會緩和下來，一到晚上又回到嚴重頭痛的情況。

如果患者每天像這樣連寫幾個禮拜頭痛日誌的話，你通常就能辨認出他頭痛的特定模式，不過也不是每個人都能如此。至少，目前這位患者是在早晚各有一次頭痛發作的危險時段。那麼，我們就會問說為何她頭痛惡化的時機總是在清晨和傍晚，白天工作時反而安然無恙？

達賴喇嘛：

你這套治療技術對這位患者有效嗎？

丹尼爾・布朗：

這位患者的病情有好轉。她是一位要獨力撫養三個小孩的單親媽媽，因此她既要工作賺錢，又要照顧三個小孩。

達賴喇嘛：

所以，她上班時，心意的注意焦點也許分散在工作的事情上面？因此，她的頭痛才會減低？

丹尼爾・布朗：

我們注意這個案例已有好幾個禮拜的時間：她每一次頭痛發作時，不是在幫小孩穿衣服和送小孩上學，就是在幫小孩準備早餐或晚餐。幾乎每一天你都看到相同的模式在運作，所以我們很快指認出她的高危險情境。每當她擔心小孩要怎樣安置妥當時，頭痛就會達到最高點。

達賴喇嘛：

她在頭痛最輕微的中午時段時，怎麼利用她的時間？

丹尼爾・布朗：

她在工作。

達賴喇嘛：

她不掛念小孩嗎？

丹尼爾・布朗：

您說的是。我們也跟法王一樣在猜想：這是什麼樣的頭痛模式？

頭痛的典型生理因素很多，像是一些營養成分太高的食物，或是像香菸的煙霧、汽車排放的油煙等各類環境因素。比如說，咖啡因會使血管收縮，酒精則會使血管擴張。一般人往往又喝了一堆美酒加咖啡，他們的血管就會忽而漲大忽而縮小，非常不穩定。在這種案例中，就是他們的不當行為使頭痛惡化。有時候，飢餓和血糖水平的快速降低也會造成某些人頭痛發作。有些女人在月經來時，也會因荷爾蒙的變化而頭痛。運動也可以是個誘發頭痛的因素，有時候連睡太久也會頭痛。比如說，當人早上醒來躺在床上時，呼吸很淺，使得輸往頭部的血氧量降低，腦血管只好擴張，以使血流量增加。

有些人是因為壓抑他們的憤怒，而對心血管系統的變化很敏感。大約有百分之二十的血管性頭痛患者都是肇因於這個因素。這種與情緒相關的頭痛好像比我們想的還要不普遍。藥物濫用也是另一種可能性。從麵包土中提煉出來的麥角（ergot）是一種使血管收縮的藥物，可以用來遏止腦血管擴張所造成的頭痛。但是有人因為擔心頭痛復發，就連沒啥必要服藥的情況也照吃不誤，造成血管不穩定，搞到最後，原本是治療的藥物，反而變成病發的原因。

在治療的下一個階段，我們為了要辨認肌肉痙攣的模式，就動用肌電圖描記器。肌肉的電位活動在活動或痙攣時，會比鬆弛時高出許多。我們把電極連到頭部和頭皮上，就可以用掃描器讀出某人頭痛模式中的肌肉活動指數。由於人會經常在不同的肌肉緊張點上，察覺到牽連性的疼痛，所以我們需要一個客觀的方式去找出真正涉及到疼痛部位的肌肉。

在我們辨認出疼痛的模式後，就會要求他們學習生物回饋法。我們會把電極放在特定的肌肉部位上，當它的活動強度超過某個等級時，機器就會發出短促的嗶嗶聲。當肌肉的活動度降低時，嗶嗶聲就會停止。我們要求他們做到機器乖乖安靜下來的程度，這表示說肌肉活動降低下來了。每當有人做到這一點，我們就會重複上述的過程，漸進性地把機器設定在次低的肌肉活動層級，以便給予患者回饋。你通常要花五到十個療程，才能學會把肌肉活動降低至正常層級，我們也會針對你活動過高的肌肉部位，發展出一套你個人的計畫。

慢性疼痛的治療

有位來我們實驗室的慢性疼痛患者，其疼痛原本是受傷所造成，後來卻持續了四、五年，使他無法工作。當我們要求他讓機器安靜下來時，它的讀數反而跳到十倍高的地方。這個人根本不知道如何放輕鬆。他太過努力嘗試把問題解決，反而讓他無法鬆弛，使問題更加惡化。我們連忙跟他解釋說，你不能刻意放鬆，鬆弛是要安定身體和心識，所以你得讓它自然發生，而不是刻意造就它。

他在接受這幾個指令後，開始變得安靜下來。在同一節療程時，他已經能用意志控制降低肌肉活動三個微伏特。在下一節生物回饋的療程時，他又能降下兩個微伏特，並且在學習過程中一路下降。一開始，當他剛進來時，肌肉活動還是很高，在療程中就降下來了，然後這個學習過程就逐漸一般化。到第七或第八節療程時，他一整個星期的肌肉活動都保持很低。我們也要求他用從〇到五的級數，來記錄下他每天的疼痛程度。然後，我們再算出每個禮拜的平均數。他第一個禮拜的平均值是四，這表示他的疼痛還很強烈。不過，它一直在穩定下降之中，到第八週時，他的疼痛平均值還算溫和。在這個禮拜之中，有時候還是會忽高忽低，但是平均起來比以前低多了。當他依法訓練肌肉鬆弛時，疼痛的知覺也隨之下降。

當他覺得有信心回去工作時，肌肉活動的水平和疼痛都同時遽增，因為工作對他造成很大的壓力。但是他能把學到的東西推廣出去，應用到新的情境上。在兩個療程後，他已經能把肌肉訓練到在高壓力情境下也依然鬆弛。而疼痛的指數也再次走低。在三個月和六個月後的追蹤療程中，他的肌肉活動已經不高，疼痛程度也很溫和，甚至消失殆盡了。到目前為止，我所談到的鼓勵患者控制肌肉活動的教學內容，只處理到問題的一半。我們還必須要教導他們如何控制血管運動反應（譯按：此指血管管徑的緊縮和擴張）的血流量模式。為了達成這個教學目標，我們會在你手指上貼溫度計，因為皮膚溫度剛好是血管大小的功能表現。當血管擴張時，溫暖的血流量增加，皮膚溫度也會跟著上升。當血管緊縮時，溫度就會下降。溫度也跟壓力有關，壓力會使血管收縮。當一個人鬆弛時，血管會張開，溫度也會往上爬，所以溫度指數可供作回饋使用。我們要求人們去試看看他們能否把手弄暖。他們可以用想像一把火、熱火爐或曬日光浴的方式，來溫暖他們的手。在三到五分鐘後，他們再張開眼看看溫度是否已經改變。

臟器學習：實踐的重要性

在臟器學習中，我們要教導身體一個新的生理習慣，因為大幅度的變化不如持續的練習來得重要。而身體要學會一個新習慣，就不能好幾天不做，然後一次做個夠，還是每天做一點比較好。所以，我們要求患者把溫度計帶回家，每天練習三次，一次大概花三、四分鐘的時間。只要他們能產生兩個級數的改變，就表示他們已能用意志熟練地控制血流量模式，亦即可以用心意的力量控制身體狀況的變化。一旦他們能很熟練地改變兩手手指的溫度時，我們就會把溫度計改貼在手掌上。然後，我們會移到手腕上，直到他們能改變整個下手臂的溫度約一到二度。一旦他們能憑意志做到這點時，我們再把溫度計改貼至腳趾上，這裡的溫度比較難改變。一旦他們熟練後，我們就會移到腳上面。他們因此逐漸學會改變身體更大表面區域的溫度，他們愈是熟練此控制技巧，改善頭痛的可能性就愈大，因為他們已會能控制整個血流量的模式。既然頭痛是由血流量的區域性失調所造成，那我們就要恢復血流量的平衡。平均來說，這要花上二十週的時間，有些人學得比較快，有些人比較慢，但是大部份人都能學會這點。

下一個項目就是橫膈膜的呼吸練習。他們把手放在腹部上，慢慢呼氣吸氣，並用手的擴張感作為回饋。當他們每天花二十分鐘做這個規律性呼吸時，它會急速增加兒茶酚胺的分泌量。這些是壓力反應周期的化學物，所以呼吸確能防止組織發炎物質的蓄積。當他們呼吸時，是把注意力放在橫膈膜的運動上。如果他們在頭痛時練習呼吸，會把情況弄得更糟。此外，如果他們呼吸很淺的話，有時候頭痛也會惡化，所以在呼吸練習中給他們指示時，必須謹慎小心。如果他們做得很正確，時間久了，自然會產生預防作用，頭痛發作次數會變少，也不會那麼強烈。

發現症狀的程序

治療的第一個步驟就是去除不良的生理習慣，教會身體一個健康的反應方式，不管你是用肌肉鬆弛、血流量改變和呼吸練習等技巧。治療的第二個步驟則是當症狀確實出現後，好好處理急性的頭痛。我們嘗試辨認引發頭痛的行為環節。我們要求患者辨認他或她感到劇痛前的早期症狀。時間一久，患者就會辨認出很多早期的症狀。譬如說，他們也許第一次會覺得好玩，十分鐘後，他們注意到一些噁心和視覺障礙。在那之後五到十分鐘，他們知道頭痛就快發作了。那裏有一個認知點，然後會開始有負面的思想：「噢！不！這又會是最嚴重的頭痛。又來了。我對這完全束手無策。」這個負面思想會使頭痛惡化，他們也就會痛呆了。

在我們拼出來事件的行為環節後，我們要求他們想出應付每一個環節的健康策略。當他們開始感到有點好玩時，他們就提醒自己練習鬆弛；而且把自己安定下來的話，也許可防止頭痛發作。如果他們注意到視覺障礙和噁心的跡象，那表示在頭痛發作之前，出現一個用溫度計練習隨意改變血流量的好機會。如果他們注意到負面思想出現時，就可以用正面有自信的事情，來提醒自己捨棄負面思想。

最後，他們要練習疼痛的應付策略。我們教人用伴隨照顧的方式，來改變疼痛的現實知覺。我們發現每個人改變疼痛知覺的能力都不相同，大概可分成四種取向，而且，對某一個人有用的取向，對另一個人未必有用。有些人會用躲避的方式：他們讓自己分心，幻想這幻想那，想東想西，就是不想疼痛，或者是盯著外面的事情轉。有些人則是先想像他們的手已經痲痺了，然後再把這種痲痺感轉移到疼痛的區域，以緩和疼痛感，這種方式有點在想像一種感覺匱乏的意象。第三個取向則是直接改變疼痛的知覺，把注意力集中在疼痛上，想像它並不痛，只是一種些微刺痛的感覺或溫暖。第四個取向是正念：只是把覺察力完全放在疼痛上，直到它轉移為止。我們為了幫他們選擇一種最有效的方法，就挑了一個對他們不會產生衝突的中立區域，用針刺以產生疼痛感，然後就評估看看哪一種疼痛應付策略最合適他們。大多數人發現有一個到二個策略可以奏效，然後我們就會教他們應用這些策略來消除疼痛。

有一個成效良好的例子，就是那位為了照顧三個小孩而早晚頭疼的媽媽。她參加一個身體安寧的每日練習，每天要做呼吸練習，並特別針對頭部的肌肉和血流量下工夫，但是她頭痛的模式並沒改變多少，直到二十週後，她那長達十三年每日發作的頭痛，竟然就此消失無蹤了。我們後來追蹤她有六年之久，她的狀況都很好，直到懷孕時，頭痛才又發作。不過，她重新練習一陣子後，頭痛又消失了。

達賴喇嘛：

妙極了。這還真有效。

丹尼爾・布朗：

是的，這是身體學習良好習慣的最佳榜樣，不過要花一點時間來練就是了。

行為醫學降低高血壓的方式

我們也用相同的改變疼痛知覺的取向，來治療高血壓。我們一開始要求他們寫高血壓日誌。他們一天至少要量三次，這是最低的底線。治療的步驟也是從安定身體開始，然後再到最重要的溫暖練習部份：先學會暖手掌，再來暖手臂，然後暖腳，大約前後要花二十週的時間。患者也是用簡單的溫度計來量溫暖程度。我們也做呼吸練習。整個治療方式跟頭痛治療很像，這是因為高血壓跟血流量模式也有很大的關聯。

有個患者求診時，收縮壓一百八十，舒張壓一百，兩者都滿高的。我們打算要把他的舒張壓從一百降到八十。當他開始每天記錄三次血壓有六個禮拜之久後，他單靠觀察血壓就已經能讓血壓下降一點，這表示正念已經造成一些改變。在二十週的訓練課程結束之際，他的舒張壓已從一百降到八十二，收縮壓也降到一百五十左右。一百五十好像還有點高，可是他已七十高齡了。

此外，許多患者早已經在服藥。在療程中，我們一開始不要求他們改變用藥量。對某些患者來說，在藥效和行為訓練最後結合起來時，血壓很快就能降下來。不過，他們開始會有體位性高血壓的症狀，特別是他們太快坐起來時，就會有暈眩感。我們就建議他們停止用藥，改用心性的能力。每當有人連續兩個禮拜舒張壓比八十的平均標準還低時，我們就會減少他們百分之二十的用藥量。如果血壓又持續下降兩個禮拜的話，我們又會再減少他們百分之二十的用藥量。如果血壓走高的話，我們會再次調整用藥量。大約有三分之一的患者能夠在不用藥的情況下，把血壓穩定下降到八十的目標之下。另外三分之一的患者可以用藥量減少的方式，來達到相同的目標。最後剩下的三分之一患者則是沒有療效出現。

為了對這禮拜擔任我們最佳口譯一職的喇嘛有所裨益起見，我特別挑出一個高血壓患者的案例，他是在法院這個壓力很大的環境中擔任翻譯工作。因為他的譯詞會成為法律檔案的記錄，所以他必須翻譯得很精確，因此他一直擔心翻譯的對不對。在他自我監控的過程中，我們辨認出法院即席翻譯的時刻是他血壓升高的最重要因素。我們教他那些練習方法，結果他的舒張壓和收縮壓都降了下來。當他達到八十的目標時，我們要求他把溫度計帶到法院去，利用休息時間來練習。從那之後，他只在高壓力情境下，才記錄下他的血壓情況。他也逐漸專精於降低血壓的練習，即使是在最有壓力的工作情境下，也不會失常。他也能把這個學習成果推廣到新的情境之中，不只是在安寧的狀態下，即使是在高壓力情境下，也能應用這個新的生理習慣。

對於那些練習不連貫的人來說，經常好幾天都沒在練習，那結果就會很不一定。如果是有規律練習的人，你就會看到有很大的不同處。所以說，改變有一致性要比改變幅度大來得重要。身體要學會一個新習慣，也是每天練一點比較好，那種好幾天不做、一做就要變個夠的方式，效果並不好。

氣喘的治療

氣喘是氣管內壁平滑肌組織在痙攣中收縮的情況，會把空氣憋在支氣管中，使人呼氣困難。氣喘有急慢性兩種。慢性氣喘是因為有些小的支氣管在收縮。它的收縮程度隨時間而有所不同，有時候縮得多一點，有時候縮得少一點。但是容易受到氣喘侵害的人，他的氣管大部份時間都有某種程度的收縮。

一個急性氣喘發作時，不只是小氣管在收縮，連主要的大氣管都在收縮，造成氣流阻塞，使人無法呼吸，因而形成危機。當我們用行為醫學的方式來治療氣喘時，會同時考慮慢性小氣管痙攣和急性氣管收縮的情形。我們也再度開始教他們自我監控，以察知他們的氣管在什麼時間收縮較多，什麼時間收縮較少。大部份的人幾乎察覺不到這種收縮，所以我們動用了一個最大空氣流速的計量器，以測量出你在短時間內能用力呼出多少空氣。這個最大空氣流速的計量器很精確，價格也不貴，可以買回家去，每天寫下自我監控的記錄。我們也再度要求他們在前兩、三個禮拜之中，每天至少要記錄三次。許多氣喘患者在這段時間內，已經有所進展。這是因為他們開始認出自己的模式，就不會成天擔心氣喘何時會發作。當他們能夠精確察覺症狀出現時，這個覺察力訓練本身就會產生有益的效果。

那是第一步而已。然後，我們會教他們鬆弛和最大空氣流速的回饋方式。當他們做特別的呼吸練習時，他們會用到最大空氣流速計量器，並且要觀想溫和吐氣的意象。如果他們過度努力呼吸，會使氣管痙攣增加，但他們如果處在非常鬆弛的狀態時，也許能發現適度的呼氣努力量，以使支氣管痙攣減少，記量器的數值也能因而攀高。於是乎，他們不但學會一些很個人化的呼吸技巧，也學會用意志控制平滑肌的反應。這套方法對那種與過敏和發炎相關的氣喘無效，可是對跟壓力症候群有關的氣喘就很有效。

〈第四部〉

情緒和文化

EMOTION AND CULTURE

8 慈悲是最高的神學美德

基督宗教和佛教的德性觀

引言人：李義雷

李義雷對於基督宗教和儒家（有部份是佛教）傳統中美德和惡習的特徵，進行了一番比較。他特別集中討論十三世紀神父聖多瑪斯·阿奎那（Thomas Aquinas）所開列的美德和惡習的清單，並指出阿奎那的德目表跟佛教和儒家學者所列很相似。達賴喇嘛也討論佛教的德性概念，使之演變成一場考量行為和行為動機的對話。

基督宗教和儒家認為美德有許多一般性的特徵，佛教傳統亦表贊同。大部分的傳統認為美德代表了人性的卓越面和健全面。它們是人類性格的主要構成部份，也是自我的永恆附屬品。而且，美德不只在人的行事作風，也在人的感受和欲求之中呈現；因此，情緒也是它們一個非常重要的側面。

其次，美德也具有修正的性格。它可以突破人類本有的困境、抗拒不同的行為傾向或改善偏私的動機。比如說，勇氣改正了因恐懼而怯於為所應為的傾向；慈悲也同樣改正了自私的傾向。

美德還具有一種表達性的特徵。它們可以表現出一個人對善的生活的信念。譬如說，一位有德之人會阻止惡人傷害無辜的小孩，因為他相信這種慈悲和勇敢的行為表現了善的生活。不過，美德這種特徵會使德行和生理健康產生衝突，例如上述見義勇為的慈悲作風，可能會給他帶來殺身之禍。

七宗死罪

撇開這些一般性的特徵不談，我們先回到阿奎那所提的美德和惡習的清單。我會先處理惡習；它們擁有德性的一切特徵，只是朝惡不朝善而已。也就是說，它們不但不屑改正，反而要強化為惡的傾向，使善的生活出現瑕疵。阿奎那認為有七種惡習或罪惡特別嚴重，因為它們不但危險，又會引發其它罪惡。它們通常被稱為七宗死罪（seven deadly sins）。

好欲（lust）是指人受到性慾的擺佈，而拋棄做人做事的其它重要考量，比如說倫理誡命的要求。**貪食**（gluttony）是極端重視吃喝的欲求，而不關懷其它更有意義的事情。這兩種好欲和貪食的罪惡是西方人最常想到的惡習。可是，阿奎那關心的是更微細的罪惡，因為這些罪惡會吞沒人性的更高境界，並毒化所有個人的活動。對他而言，好欲和貪食源自於人類的獸性傾向，所以它們比較原始粗糙，不容易滲透整個人格。

在微細的罪惡方面，我們首先要提到**虛榮**（vanity）。虛榮是猛想讓旁人對自己名不副實的表現讚譽有加。譬如說，他們不是在追求一些門面好看的表現成就，就是要尋求別人口頭不實的稱讚。另一個微細的罪惡是**憤怒**（anger），它跟佛教所講的瞋有些不同。因為，憤怒只有在使人們不具正當理由就訴諸暴力反應之時，才算是一種惡習。然而，憤怒在受到道德判斷控制時，就搖身成為行善的真實力量，因為它可活化和支撐一個正當的倫理反應。也就是說，憤怒可以是一種對小事憤怒的惡習，也可以是用來助你處理不公正事物的美德，如婦女經常因性別歧視而不被雇用。德行不僅要看到錯誤的地方，也要做出改善的舉動，因此你需要憤怒來展開行動。

妒忌（envy）不僅會憎惡其他人所擁有的音樂或藝術資質，甚至會想摧毀妒忌的對象。這是最嚴重的惡習之一，即使你沒有那些資質，它也會讓你無法欣賞那些真正的才藝。它也是最神秘的惡習之一，因為一個人從妒忌中幾乎撈不到任何東西。如果我是好欲或貪食的話，我能得到一些滿足，但我只能從妒忌中得到容不下別人才藝的痛苦感覺。正因為人是妒忌的動物，很多基督徒就宣稱人性基本上是腐敗的，人真的有原罪。

阿奎那稱精神**冷漠**（spiritual apathy）為僧侶的惡習，因為它首先出現在僧院環境，然後才在社會普及化。它是無力追尋生命目標的挫敗感，會讓你懶得培育自己的美妙生命品質，像禪修或寫書都是。它也會把惡習深藏起來，懶得改正，因此精神冷漠的人表面上也許非常主動，但是其瘋狂舉動卻遮蔽了他們無法追尋生命真實目標的事實。

最後一項惡德是**貪婪**（avarice），表現為貪求物質財富，這是一種要佔有衣服或書等物品的驅力。可是，阿奎那認為這終究是一種自我保護的嘗試，此舉是為了不願面對萬物必變和人類必死的事實。因此，貪婪是一項否認實在界真實特徵的嚴重嘗試。

驕傲（pride）比起前七宗死罪來說較為普通，但它卻是支撐它們的根柢。驕傲是過度追求任何有關自我優越感的事物，並超級不屑那種對於自我的基本尊重。可是自滿自恃也令它無法認識人的脆弱，且不承認人的能力有限，更不知最終來說人類必得依靠神。

慈悲是最高的神學美德

我現在要回到阿奎那對美德的觀點。他把美德分成兩組，一組是四個首要的美德（cardinal virtues），另一組是神召的美德（infused virtues）。首要是從拉丁字根「鉸鍊」而來，它們是每個要過正當生活者的基本長處。明達（practical wisdom）是指良好的判斷，能夠敏銳地斷定我們面臨的情況和行為的指導方針。譬如說，它會告訴我們何時才是憤怒或寬恕的最好時機。公正（justice）指的是人際之間的公平關係，以給予他們所應得的東西。它不重背後意向，只重行動本身：我應該還債，即使我不想還。

剛毅（courage）與節制（moderation）則是指人與自己情緒之間的關係。剛毅為了做我們該做的事情，就會克服恐懼的心情。譬如說，我不會因為恐懼別人的反應，而阻止我去挑戰種族歧視的現象。節制則是調節我們的欲望和情緒，尤其是我們的獸性欲望，這樣我們才能保持平靜和倫理的善。譬如說，我唯有控制性慾，才能專心處理魅力女子所碰到的麻煩。這四種美德對任何家庭社會的正當生活都是基本要件。它們不必然保證你成為偉人，但至少能讓你成為好市民和好家長。

另一組美德之所以有神召之名，是因為它們從上帝的直接行動生起。它們是宗教的美德；它們感動人們，使人立志要超越一般的人性標準和熱望，以直接接觸神聖的力量。這裡面最重要的美德稱為神學的美德（theological virtues），theo是希臘「神」的字根，*logical*是來自於代表「理性」或「思考」的希臘字*logos*。這三種神學美德是信仰（faith）、希望（hope）和慈愛（charity）。

信仰不是製造宗教信念的知性運作過程，而是經由接觸和熱愛上帝，來得到活力。信仰的對象無法經由科學來證明，但是信念背後與上帝的摯愛關係卻可賜給人一種保證感。希望的獨特標誌是信任感，這感受是從信靠摯愛的上帝而來。希望能幫人克服沮喪和絕望，並保持實際的態度。而且，心懷希望的人知道它不是來自他們自己的能力，而是來自上帝的力量。當然，阿奎那是在基督教脈絡中處理信仰和希望，但這兩者也指出所有宗教的生活模式：遠超過人類一般程度的信任和信念。

慈愛是最高的神學美德，也是信仰和希望的基礎。我認為這很接近佛教所提的慈悲。對阿奎那來說，慈愛能讓人確實參與上帝的生活，因此能分享上帝喜悅和寧靜的屬性。而且，慈愛能讓人把其他生靈都當成自己看待，因此能盡心為他們服務和犧牲。慈愛也是信仰和希望所共有的終極目標。也就是說，一個人必須相信慈愛的事物，並保有愛世人的希望，特別是在心靈黑暗的時刻。

法王，我們很有興趣聽您說明佛教傳統中最重要的美德或惡習。

佛教的觀點

達賴喇嘛：

我認為這要從自我感和安樂感先說起。你若認識到人有趨樂避苦的傾向，便可找出這些安樂、悲傷和苦惱結果的原因所在。**一個人去追求安樂的原因，便知道美德的重要；一個人避開痛苦煩惱的原因，便知道惡習的苦果。**

我們就是在這個脈絡之中，談業力的行為和受報的觀念。業的觀點不是說壞事不可做，而是說惡業是不圓滿的行動。一個人不該只看惡業的表面價值，而要問「這從何而來，它又為何在此？」如果你能找出行動不圓滿的原因，你會發現那就是心理煩惱。這個觀點不是只看著心理煩惱說：「它們的原因是什麼？」你也可以問說：「有沒有可能驅除這些心理煩惱，如果可能的話，要如何做到呢？那又要應用何種抗體或療法呢？」這就是我們要引進空性的地方。空性就是現象依因待緣而生起的方法。它就是緣起性。

佛教認為執著和瞋恨就是主要的惡習，精確一點來講應該是說主要的心理煩惱。執著和瞋恨也衍生多種不同的微細變異形式。你現在可以問說：「有沒有比這兩者更嚴重的心理煩惱？」答案是肯定的。從中觀應成派的觀點來看，我們認為最嚴重的心理煩惱是誤認現象為實有的無明。

現在，我們來看看心理煩惱要如何界定？心理煩惱的獨家特徵又是什麼？它的定義是擾亂內心寧靜祥和的心理事件。可是，圓滿的心理事件有時候也會讓你痛苦、焦慮或擾亂，但是它們既然是圓滿的，就不能算是心理煩惱。

慈悲就是個很好的例子。寂天（Shantideva）菩薩在《入菩薩行》一書中，指出當你在培養慈悲心時，可能會讓你對其他有情感到焦慮。於是，他自己就在思索：如果你培養慈悲心，是不是你就會感到苦惱呢？他的回答是：沒錯，但這暫時性的痛苦，是為了未來的遠大法益而存在。如果回想一下心理煩惱的定義，就可看出這不是暫時性的痛苦、焦慮或擾亂。心理煩惱已達到心理扭曲的嚴重程度，它不僅會產生擾亂，也會衍生出很多問題。可是慈悲就不同了，它是帶來短期擾亂沒錯，可是卻有長遠的法益可享。

所以，我們不能把痛苦的心理事件當成心理煩惱的決定標準，因為執著這種心理煩惱可與快樂感同時生起。瞋恨也同樣地可與滿足感同時生起，特別是你回擊某人時更是如此。心理事件只有在擾亂內心寧靜又衍生更多問題時，才算是煩惱。因為，這種長期擾亂就會激發出不圓滿的行為。如果心理事件的長期效應是減少問題的產生，那麼它就不算是心理煩惱。它事實上是圓滿的。

當恐懼和瞋怒不再擾亂情緒時

丹尼爾・布朗：

法王，我在讀阿毘達磨論時，一直對恐懼為何沒有名列主要的和次級的煩惱清單，有著很大的困惑？在我個人經驗裡，恐懼是非常重要的。

達賴喇嘛：

恐懼之所以沒列入六主要或二十次要妄想之中，是因為我們不認為它是情緒擾亂。它沒有必要一定是煩惱的，因為恐懼可分成善、不善和無記等三種。譬如說，畏懼邪惡就是一種美德。如果你要問它為何不名列清單的話，我只能說誰知道呢？在緬甸傳承的阿毘達磨論中，列出了兩百多種不同的心理因素，恐懼也許有包含在內。你知道南傳佛教中有這種非常精細的心理狀態分類表嗎？

莎朗・沙茲堡：

我知道唯一有提到恐懼的例子也是有點道德畏懼感的味道，這是從正面來說，負面來說則是畏縮的嫌惡感。

達賴喇嘛：

為了開悟，我們必須克服恐懼。無懼的狀態必須要好好修練才能達到。但那不表示它一定是情緒擾亂。

丹尼爾・高曼：

既然有那麼多種恐懼，我就在想瞋心會是什麼情形。它是列在主要煩惱表上，可是有沒有善良的瞋心呢？譬如說，瞋心是惡習或美德？

達賴喇嘛：

一般來講，瞋心一定是被排斥的東西。但是當你在審查瞋心生起的動機時，很有可能那是出自於慈悲心。所以，瞋心可以是你靈修道上的組成部份，但這就不是一般的瞋心。在這種由慈悲心生起的瞋心中，心靈確實是變粗糙，但它沒有惡意，也沒有傷害別人的意圖。換句話說，它沒有恨的成分。

丹尼爾・高曼：

它會引發憤怒的行為嗎？

達賴喇嘛：

會的，它會引發強迫的或暴力的行為。

美德的暴力？

丹尼爾・高曼：

所以，這世上有一種算是美德的暴力。您能給我們舉個例子來說嗎？

達賴喇嘛：

密續經文提過以瞋心作為修行法門，並表現為各種不同形式的忿怒尊。這只有在密續中才提到，其它佛教傳統都沒講到這點。

丹尼爾・高曼：

忿怒尊在火大什麼呢？祂們的忿怒是被什麼東西挑起呢？

達賴喇嘛：

很難說祂們在氣什麼東西，簡單來說，祂們只是在氣修道的阻礙、心靈的污染或是不祥的環境。但從實修角度來看，開悟的聖者要感化其他有情時，若是用寂靜尊的詳和方式行不通時，就會改用忿怒尊的神威方式。

你在用盡邏輯和理性都搞不定自己的憤怒時，可以試著把你自己觀想成忿怒尊，好跟自己的負面情緒打鬥。這時候，你被你自己的憤怒搞火了。（笑聲）

喬・卡巴金：

當你把自己觀想為忿怒尊時，在神威的外表下，是否有平靜的心靈？

達賴喇嘛：

當你把自己觀想為忿怒尊時，心靈處於很粗糙的狀態。它不是在完美的平靜心靈上演出這一場戲，而是要你實際進入粗糙的狀態才行。

慈悲性的忿怒

喬・卡巴金：

但是你被情緒淹沒時，不是就有執著產生嗎？難道你不會失去智慧嗎？

達賴喇嘛：

日常生活的憤怒是會引發執著。可是，這裡所提到的憤怒卻是出於慈悲心。

喬・卡巴金：

那它就不會引發執著嗎？

達賴喇嘛：

不會。

亞倫・華勒斯：

忿怒尊要摧毀的對象是不是心理煩惱？

達賴喇嘛：

沒錯。在印度大班智達（pandit）提婆尊者（Aryadeva）的《四百論》一書中，有句詩偈說佛陀把情緒煩惱看成是幻妄的東西，而非你所實有的東西。沒有東西可以證成憤怒是一件正當的事情，你也找不出氣人有什麼真實的根據。

李義雷：

你的憤怒會不會讓你連帶想摧毀那個人？譬如說，我見過一位納粹德國時期的集中營警衛，他怒火中燒之餘便會殺人洩恨，可是他平常又是位好父親。我也知道他的仇恨心只有讓人死，才能解消。

達賴喇嘛：

這可在下述案例中獲得證實：你認出這個邪惡傾向；你想把它驅逐出境，免得造成任何傷害；接下來這點極為重要，你從慈悲心中許下免除傷害發生的希望，你明白你必須要除去這惡習。如果你覺得除了暴行外，沒有其它方式可消除惡習，那麼你會以慈悲的心情取走那位惡行者的生命，並且希望能承擔那個行為的後果。

羅伯特・佘曼：

佛陀在過去世時曾經殺死提婆達多（Devadatta），這是為了防止那個人履行殺死四九九人的計畫。佛陀在此不僅是要防止惡習，也是要防範惡行。他殺了這位仁兄，等於阻止了謀殺四九九人的凶神惡煞。他為了預防這場大屠殺的罪惡，他願意背起殺死這個人的業債。（譯按：提婆達多是佛陀的堂兄弟，曾經三次企圖暗殺佛陀，以接掌教團的領袖。這個民間故事可能是為了解釋佛陀為何會有此種現世報而設，讀者最好把這個故事當成寓言。）

李義雷：

當你做出這些決定時，要採用何種關懷角度，才不會誤用這原則？

達賴喇嘛：

有個重要的因素是修行人在做出任何行動前，應該要有兩個監視行動的人：自己和他人。你也許會碰到那種沒有外人當見證的情況，但是你在場就可自行監控自己的行為，這需要一種自我誠實。一個人該採取什麼關懷角度，才能確保他有那種自我誠實呢？這要依靠很多其他因素。終極來講，他要靠自律才行，不管外在的規律有多麼精細，人類的心識很不純正，總是可以找到漏洞。從這種觀點來看，一切都要看個人的心術正不正，這就滿像倫理學的個體主義觀念。事實上，它結合了個體主義、完美主義和理性主義。

李義雷：

您的意思是說，即使是修行很高的人也不應該動殺死大惡人的念頭，因為他可能無法誠實地評估自己的動機或意向？

達賴喇嘛：

這兩件事需要平衡一下。一方面是禁止去做的事，像殺人；另一方面則是涉及了很多複雜脈絡的事情，比如說你要問：這種情況所需要考量的更大利益是什麼？有些事是被禁止沒錯，可是在某些情況下，投入這種事的利益可能比躲避它的利益還大。我們發現這種取與捨之間的權衡原則算是最基本的佛教倫理，而且它是從南傳佛教的律藏（*Vinaya*）（註一）一直傳衍到菩薩（註二）道的倫理學。在特定情況中下判斷時，總是要用到智慧來兼顧一般原則和情境脈絡才行。

解釋暴力其實很簡單，但是如果我們想實施反對暴力的禁止令時，情況就變得很困難。一般來講，動機最重要，結果也很重要。暴力只是一個方法，方法就比較不重要。但是可憐的是你除非等到事情發生了，否則你不知道你行為的結果會是如何。暴力就像是效果超強的藥劑一樣，對某些病可能很管用，但是副作用也很強。從實踐層面來看，它很複雜，所以設法避免暴力行為還是比較保險。

丹尼爾・高曼：

您提到動機和結果比方法還重要，那您如何分辨動機的好壞？

達賴喇嘛：

在替他人服務方面，適當的動機當然是利他心。可是，在考量到自我利益的情況時，適當的動機則是希望得到長期寧靜，而非流逝的幸福。在律藏中，有個與此相關的論點，那是用來解釋僧尼都務必要觀察清楚的行為紀律規範，以保持他們出家誓願的純淨性。舉例來說，僧尼會碰到一種只能二選一的情況：不是取別人的性命，就是要取自己的性命。在這種情況下，犧牲自己以挽救別人性命是正當的行為，因為這不會違背出家的四大願。當然，這要假設一干人等都接受輪迴再生的說法；否則的話，那就太愚蠢了。

羅伯特・宗曼：

法王您稍早也提過一個案例，他為了防止別人犯下殺他的罪，就出於慈悲心的考量而犧牲自我。這算是一個犧牲自我以關懷他人的案例。

達賴喇嘛：

那是第一種利他情況的例子。如果有人擺明要謀殺你，你就先自我犧牲，以防他犯下殺人之罪。這在西藏也曾經發生過類似的事情。有時候僧侶會自取性命，但不是用槍，而是用把意識遷離體外的禪修方式，來有意識地死亡。他們會那樣做，以防止別人犯下殺人罪。

克里夫・沙朗：

但是殺人的動機不是全在謀殺者身上嗎？僧侶那種作法算是讓這件事情有圓滿的結果嗎？

達賴喇嘛：

這就涉及業力的複雜脈絡。行為的業力若要完滿了結，就要準備好殺人行為的基礎，也就是說被害者；必須要有意圖；必須要有準備；但你的行為至少要本於四大願中的一、二誓願而做，才能減少業力的報應。但這不是說那個人就完全免於行為的報應。另外，也有你能累積某些事物的業力，卻不必真正犯下那種行為。也就是說，行為可以累積報應而不須犯之。有的情況則是犯下行為而無累積報應。譬如說，你一個人走在街上，無意間踩到一隻蟲，你就犯下殺生的罪名，但從倫理學的角度來看，你不會受到報應。你提到負面行為的意向時，要考慮三個因素：首先，心理煩惱在過程中是否活躍？其次，必須要有一個動機；最後，要有對象的承認。

羅伯特・李文斯敦：

我們乾脆來討論在日本丟原子彈這件案例好了。做這件事的人被告知說，他們此舉可挽救百萬人的生命。

丹尼爾・高曼：

那是一種菩薩的行為嗎？

達賴喇嘛：

這很難定奪。理論上來說，是的，如果此舉是要救大批人性命的話，不無可能性。

羅伯特・佘曼：

法王，菩薩會做出這種很危險邊緣的事，不是通常都是在非常特殊的情況下嗎？菩薩實際上是要一直避免犯下任何暴力行為。這大概只有天眼通的人才能判定其行為的報應是如何。也許這就是為何只有菩薩能丟炸彈，但是換做其他人來執行這項任務，他們可能都會身心癱瘓。我不認為哈瑞・褚曼（Harry Truman）是位菩薩！

李義雷：

在基督教神學中，沒有這種疏忽（omission）的罪名。你如果忽略某些防止死亡的事情，就一定會對那些人的死亡有罪疚感。假定哈瑞・褚曼因為自己不是天眼通，就決定不丟原子彈，因為他懷疑自己的判斷，而且他得到的訊息也不夠。那他會為那些因為他不能下此判斷而犧牲生命的人，感到內心愧疚嗎？

達賴喇嘛：

換個情況來說好了。如果某人看到有人溺水，他說：「這不關我的事。」然後就走開了。這是一種刻意忽略的不行動。我們可以追問這是否會有負面的業力報應。這個案例比較簡單，我們待會可以討論比較複雜的案例。

李義雷：

如果你看到有人溺水，還在想事不關己的話，表示你欠缺人際連帶感，所以這是一個惡行沒錯。

我在想一種情況是你在懷疑自己是否充分了解行為的後果會如何。譬如說，你看到有人好像滿惡意地在打小孩，可是你也不確定他打小孩也許是基於好的理由。如果你不阻止他，你就沒有干涉這樁暴行，那你對不信任自己那時候的判斷要負責任嗎？可是，你又懷疑自己真正知道那件以暴力訓小孩事件的內情嗎？

達賴喇嘛：

在這種情況下，應該要看他面對事情的態度是如何。如果他不干涉的理由是不想插手別人的事情，他就很有問題。另一方面，他走開不管的原因可能是不想激怒那個人，害那個小孩吃更多的苦。所以，這真的要視你當時的態度或動機是如何而定。讓我們回到在長崎和廣島丟原子彈的議題：我們不能只靠歷史上那個特定時刻，來對這行為是否合乎倫理下判斷。我們必須觀察長期的後果，如果我們這樣做的話，特別是在核子武器大量擴散的情況下，我們可以異口同聲地說那是不合倫理標準的行為。即使是在那些特別的環境下，有一些正面的動機，但是在那之後，卻一定會產生很多負面的後果。那件事實在是帶給全人類更多的恐懼。

社會倫理

羅伯特・宗曼：

我覺得大家的討論都圍繞著個人的良心和行為，以及政府和宗教體制對行為的影響。我想轉到另一個大家必須面對的議題，那就是某些國家擁有製造毀滅性武器的能力。有些公僕名義上是個為團體福利貢獻的道德家，但多少也助長過這個全球性威脅。你和法王如何面對這個議題呢？

李義雷：

我認為現代世界中最會磨練人和最令人沮喪的事情就是民族國家的壯大。邱吉爾(Winston Churchill)**曾說過民主國家打的仗，將是人類從未碰過的最恐怖戰役。**我認為他說的很對，這點跟所有人必須為集體、團體、國家貢獻和犧牲有關，因為它需要不惜一切代價來保護自己。可是，把所有團體成員弄得為共同目標而行進，他們很容易搖身變為魔鬼。在美國歷史中也看到不少美國幹過的壞事。您除了軟弱的覺察外，還能做些什麼呢？我自己也不確定。

達賴喇嘛：

也許這跟擁槍自重者的故事一樣，他們相信有必要時，得先回敬對方。只不過現在不是用槍，而在很大的比例上都換成了核子武器。

喬・卡巴金：

這一切都要看我們的社會是否走往自我毀滅的方向，而這當然會走上對抗任何進一步發展之路。你可以把這比成自體免疫疾病，身體不認得自己的細胞，而殺害自己；同樣地，小心眼的理性主義者或冷漠的完美主義者也能使自己處於憎恨全球的狀態，這等於跟殺掉整個組織一樣。所以，真正的問題是，我們是否能個別地和集體地覺察到這些問題，而能喚醒一種超越性的智能，或是一種腦部和神經系統新浮現的智能品質，以避免毀滅一途。到底有沒有一種生物學上有效的方式，來脫離這種兩難的困境呢？

某僧侶：

人類現在所面臨的毀滅危機看來都是放縱應用科學，使它不受倫理價值約束所造成的結果。事情一定要那樣子做嗎？科學的發展和正確運作有必要如此嗎？

法藍西斯科・瓦雷拉：

我不同意科學是價值中立的，因為它無法脫離國家和社會。至於製造武器或破壞生態環境這個層面，永遠是牽涉整個社會之政治的、道德的、歷史的和經濟的決定。應用科學的價值正是應用在這個社會的價值。你不能把科學貶成一個獨立的要素。當醫生在診所中決定是否要關掉病人的維生系統時，雖然那是一個技術上的決定，但這也是建立在社會位置的基礎上。我們談到的倫理可以應用在每一個地方，包含科學在內，不過剛剛的說法好像是想扭曲科學過程的全盤性質，試圖把它隔離在閣樓之上，而不是跟其他人一樣待在廚房裡。

李義雷：

我認為這說法大致上沒錯，可是太過軟調，因為它把不研發毀滅性武器的科學家都推崇為英雄。既然我們已經用許多方式酬賞科學家，那至少也要規定出專業的倫理規範。我們絕對有權力要求他們拒絕去作對人類有害的研究。

法藍西斯科・瓦雷拉：

那在歷史上從未發生過。它若是發生，乃因它成為社會檢討的負面行為，社會因此停止提供允許、位置和獎賞等配合手段。如果你認為這對於個人行不通，我想首先是因為科學家也跟其他人一樣對倫理感到混淆，其次，科學家的研究工作也不是說隨他所好即可。科學家需要手段和方法，那種高科技需要錢和組織的支持，所以我們又回到同一點上。不管我們是為了哪一個人民團體而研究，都不能丟棄下決定的責任。否則，就太過樂觀了，一定會失敗。

李義雷：

我不是說這件事只是科學家的責任，然後科學家不屬於社會的一部份。我是說，你有時候必須下一個傷你很深的戲劇性決定。科學家經常都會走到這種地步。這實際上包含一些遠超過平常人所能做的事，所以我才會稱為英雄之舉，但我認為我們有權力去責問那些人，並且判定他們有沒有做到這一點。

註釋：

註一：律藏（*Vinaya*）是佛教中專門處理僧團戒律和倫理學的經典結集。

註二：菩薩是想要完成利益一切有情眾生誓願的進修者。

9 自尊的根源

歷史和文化條件會引發出新的情緒或表達方式嗎？

語言和文化塑造我們對情緒的定義和解釋。譬如說，日本文化的一如（yugan）感是在講物我合一的美學時刻，印度文化的妙樂（rasa）則是在講無法以言語形容的欣悅狀態，這兩個詞在英語中都找不到適當的對應項。同樣的，藏語之中也找不到類似情緒（emotion）的字眼。雖然，西藏有個很重要的健康理念叫平靜，可是它在英語中卻不是一個主要的情緒狀態。而西藏也有一大堆有關禪修和意識之微細層面的術語，是你翻遍英語辭典也找不到的。所以說，情緒是經由文化濾鏡來體驗的。

這次情緒研討的核心問題是放在歷史和文化條件會引發出新的情緒或表達方式嗎？我們討論的案例就是自尊：達賴喇嘛聽到很多西方人都苦於低自尊時，就甚表驚訝。因為，西藏文化中沒有自恨或自我輕視的概念，達賴喇嘛把這形容為「缺乏自我慈愛」或「自我輕視」。這使我們能更廣泛地來討論這種文化條件的根源，以及談到西方認為是心理不適應症狀的「空虛」（emptiness）感，和佛教認為

是修行目標的「空性」(emptiness)有何不同之處。達賴喇嘛認為空性跟自我慈愛的培養是並進的,所以這也許可以成為低自尊的解藥,使人能真實接納自我。

李義雷:

法王,您認為情緒有部份是歷史的產物嗎?有些哲學家主張西方的生活遠較以前富裕,因此情緒生活也比較多采多姿,描寫情緒的字彙也更加精細,如不成熟、羞怯、自作多情、害羞和惹麻煩。

亞倫・華勒斯:

這些術語很難翻譯。

達賴喇嘛:

歷史上來說,當環境產生空前未有的變動時,不但會引發前所未有的情緒體驗,甚至連原本就有的情緒類型也有可能消逝。

李義雷:

您能不能舉些例子來說?

達賴喇嘛：

譬如說，在物質富足的社會中，大家為了獲取物質財富，就要面對一大堆的競爭情形，內心就會出現大量的焦慮感。這個例子可以說是由環境變動引發出前所未有的情緒體驗。再舉個例子來說，在波斯灣危機發生前，提到伊拉克這個字眼所引發的情緒反應型態，就跟危機發生後所引發的情緒反應類型不同。

丹尼爾・高曼：

但那些特別的感覺以前可能也有過啊！您只是把它們應用在新對象之上而已。有沒有什麼新感覺，是以前人從未有過的？

達賴喇嘛：

如果有新對象產生的話，是有可能引發出前所未有的新情緒。那種對象也許是整體的環境。基本上來說，貪和瞋是恆存的，我也懷疑人性還有新的情緒分類標準嗎？

李義雷：

我來舉個例子說明我的意思好了。最近有很多研究是關於福婁拜（Flaubert）等法國小說家興起的現象。當這些文學作品變成居民生活的一部份時，他們的日記和行為就顯示出對情緒有完全不同的問題、術語和觀念。這種影響過程很難追蹤，但是一組有關男女相處困難問題的新文學描述，似乎就能在那時候的男女之間製造出那些困難，而引發出新的情緒體驗。

丹尼爾・布朗：

我們稍早談到情緒時，不是有講到面部表情模式的簡表。可是，我們憑經驗也知道情緒比表上所列，還要有更多的類型和微細差異。其實，在臉部肌肉、自律神經或內臟反應中，沒有多少類型變化可言。既然生理學比較簡單，有人就說思想和語言有助於情緒的特定化。所以，問題是新語言的發展能夠像小說一樣，創造出特定的或微細的新情緒嗎？

羅伯特・宗曼：

新的解釋概念和模式只會在基本情緒上增添複雜度而已。古印度的佛教文獻已對情緒有非常複雜的分析。所以，我很懷疑每次都會有全新的情緒上市。

達賴喇嘛：

語言的運用當然會增加某些心理扭曲，但它是否能每次產生新的扭曲類型或情緒，是個開放的問題。

法藍西斯科・瓦瑞拉：

這似乎是可能的。譬如說，西班牙文學在十八世紀小說中呈現出一種以前沒有過的人際交往感覺，叫做替人難為情（*verguenza ajena*）。這是指有人做出一些困窘事情時，我們會替他們感到羞恥。這不是一般的困窘，因為我們並非當事人；它也不是憐憫，因為我們會挑剔對方的技巧拙劣。

達賴喇嘛：

既然如此，那他們有被當人來看嗎？

法藍西斯科・瓦瑞拉：

當然有，不過他們沒必要跟你有私人關係。

達賴喇嘛：

一切事情總是有關係可言。我把他們當人看。我聽說人腦的規模在一兩萬年前比較小。那麼，在人腦的演化過程中，腦部前後部位的大小尺寸有沒有什麼變化？

法藍西斯科・瓦瑞拉：

有的。

達賴喇嘛：

那是否也會讓我們認定情緒的能力也有所變化呢？

丹尼爾・高曼：

腦中控制情緒的部位很古老，算是從爬蟲類傳下來的，因此它稱為爬蟲腦。後來，人類在演化過程中增添了皮質、大腦思維和擁有細微情緒的能力。一條短吻鱷能跟我們一樣恐懼或憤怒，可是有了皮質後，人類才能對情緒有更細微的劃分。所以，我們現在討論的複雜和細微的感覺，只出現在生物演化的晚期。

生命開端的情緒轉化

達賴喇嘛：

何不撇開歷史，從個人發展過程來談。未受教育的小孩是不是比受教育的小孩體會到比較少的情緒？

丹尼爾・高曼：

是的。當小孩成長時，有一些情緒出現的特定階段。例如困窘和羞恥等社會情緒大概要到五歲時才會出現。即使是在生命開始的前三、四年，一旦腦部的不同部位充分成熟時，就會有不同情緒出現。

丹尼爾・布朗：

最早出現的情緒是幸福、悲傷、憤怒和恐懼。然後，情緒就會慢慢複雜化。某些涉及個人認知的情緒則出現得更晚，像帶有罪疚感的情緒就是其一。

達賴喇嘛：

這些小孩是否有用在宗教環境中養育這個標準來分類研究？

丹尼爾・布朗：

沒有。它是普遍性的。

達賴喇嘛：

那在成人中是否有分成信宗教和不信宗教的兩組，來研究他們情緒的差異性？

法藍西斯科・瓦瑞拉：

那沒有研究的必要。因為事情很明顯，不同語言中指涉情緒的字彙會有戲劇性的差異出現。

丹尼爾・布朗：

有些情緒在某些文化團體中，能比在其它文化團體中得到更明顯的表現。譬如說，**日本文化不鼓勵憤怒的表現。法國文化的蔑視傾向則比美國文化更明顯。**

丹尼爾・高曼：

臉部表情的研究專家保羅・艾克曼有次去日本考察時，發現那些看悲劇片的人幾乎沒有流露情緒，除非一人獨處時，才會把情緒自由流露出來。不過，房間內一旦來了一位長官，他們馬上就繃緊臉皮。所以，雖然感覺藏在底下，可是情緒的臉部表達模式卻會受到文化的影響。

消極的內在獨白

莎朗・沙茲堡：

小李先前提過基督教堅信邪惡潛藏於人性的核心，可是佛教卻認為人性的本然狀態光明純淨，帶來苦痛的心靈污染只是暫作借客的塵粒而已，不是本來具有的主人。我想問您，西方人為何特別容易有強烈的自我憎恨傾向？根據南傳佛教的教導，慈愛（*metta*）的最強烈原因就是看到別人的優點，可是很多人卻無法看到自己的善根。所以，我們試圖要求他們想一下自己做過哪些善事，好讓心情充滿喜悅、自尊和自信。他們卻表示這很難做到。他們可以老是想自己幹過的壞事，換做好事就偏偏不行。比如說，我們提到大方時，他們只有在覺得自己不配擁有那些送出去的東西時，才會自褒大方。既然人們經常表現出愛別人比愛自己容易的傾向，那教導人們為他人而犧牲自我又有什麼用呢？對這些人來說，自我犧牲不能代表真實的慈愛，反而只會讓他們更加蔑視自己，認為自己毫無價值而已。法王，還有另外一種覺得自己不配歡樂的情況也是如此。他們不是說得不到歡樂，而是覺得自己很歡樂的話，好像會不太對勁，也會有愧疚感。所以，**當我們日後要教人慈愛時，是不是該特別先提一下自愛呢？**

[在一連串藏語交談後，亞倫・華勒斯下了一個評語：法王對這種自蔑概念感到完全陌生。]

達賴喇嘛：

你說的這種自我蔑視或不自愛是特別環境所造成的結果，還是一種氣質或心理特徵？

莎朗・沙茲堡：

我認為這是西方文化的心理特徵。

丹尼爾·布朗：

認知治療師發現許多人心裡總是不停在叨唸著各種負面的內在獨白，他們老告訴自己說：「我做不到。我討厭自己。我很倒霉。」就算他們對這沒啥覺察，長期下來，也會在無形中成為他們的習性。治療師會跟你講說，這些消極信念不能放著不管，一定要刻意沈思一些積極信念，才能改掉這種消極習性。當然這件事並不容易，特別是人們一憂鬱起來，消極的內在交談就會增強。這是西方人透過治療師或禪修往內探索心靈面時，常常會發生的典型情況。因為，他們的早期童年經驗會湧出一大堆自我憎恨的情緒。

喬·卡巴金：

法王，西方人普遍都有這種低自尊的問題。人們通常都察覺不到這種消極的內在獨白。這些負面思緒大部份是來自早期的童年經驗：有位生氣的母親向孩子說「你是個壞小孩」時，她實際的意思是說「我不喜歡你這樣做」。可是，小孩從此就帶著這份「我很壞」的訊息長大成人，雖然她長大後可能已經忘了有這檔事發生。我們幾乎在每一位病人身上都看到這個問題，這些人就是覺得自己毫無價值。

達賴喇嘛：

這些人有暴力傾向嗎？

喬・卡巴金：

不，他們再正常也不過了。

莎朗・沙茲堡：

那不就是在指我們嘛。（笑聲）

達賴喇嘛：

如果他們的自尊這麼低落，萬一脾氣失控時，難道不會有要強烈捍衛自己的感受嗎？

喬・卡巴金：

他們有時候就是會放棄防衛，因為他們覺得自己很無助，活該碰到這種倒霉事情。另一方面，許多人則是用侵略行為來宣洩低自尊的感受，他們整個人就成為一個熨斗，想把其他人身上自己看不慣的地方都燙平。因為，他們覺得待在內心深處很不舒服，就往外投射為權力。那就很容易導向侵略、暴力和不體恤他人感受。這在西方來說是個大問題。

丹尼爾・布朗：

通常它不會往外直接爆發為侵略或暴力，反而會引發出更多的負面評價。

達賴喇嘛：

你當治療師時，有沒有發現什麼東西對那些人有益？什麼方法最有效？

喬・卡巴金：

用正念禪來訓練他們最有效。如果你要求那些不懂禪修的人去靜坐觀呼吸，他們馬上就會發覺這很困難，因為念頭會來來去去。如果你接下來要求他們觀察念頭的內容，而且不能被內容牽著走的話，他們就會觀察到有一些念頭跑上來，如「我不好」。他們以前把這話奉為真理，現在卻能把它看成只是一個念頭而已。當他們能攝心回到呼吸時，就可讓念頭自由消逝，享受一種釋放的感覺。即使是像慢性疼痛或心臟病的患者，他們也能很快地改變自己察照身體的方式，雖然問題症狀不會立即消失。他們至少要花八到十星期的時間，才能在禪修時段外的生活日用之中，察照到念頭的來來去去。當你對自己、他人或社會情境都感覺不爽時，你可以把這當成念頭，不要誤以為是真理，就可釋放那些感覺。其實，你內在有很廣大的平衡感，而不是那些低自尊的問題。

莎朗・沙茲堡：

提供道德教義也能幫他們過一個自重自律的德性生活。此外，我們也教人觀想慈愛時，不能光想到別人，也要把自己納入關愛感受中。

喬・卡巴金：

您是不是感到很驚訝？

達賴喇嘛：

噢，那當然。我本來以為我很懂心識，但現在我卻覺得自己很無知。

「美式神經質」——低自尊的原因

圖典・金巴（Thubten Jinpa）喇嘛：

它也許真的是來自你的文化，也許是你的宗教遺產以及這些社會因素。

達賴喇嘛：

這或許是來自於一種絕對主義者的心態。此心態是說如果事物有點負面，就貼上絕對負面的標籤；如果事物有點正面，就是絕對正面，而忽略了兩者之間的微細差別。因此，那或許就會引發這一類的心理症狀吧！

喬・卡巴金：

這還有另外一種可能性，雖然它們並未相互排除。這跟高曼所說的失控感有關，在我們過去的社會中，有很多能給人歸屬感和連帶感的系統，例如教會和家庭都是一股強大的安定力量，可以讓人們經營出自己一片有意義的天地。不過，西方教會現在已經衰落不振了，家庭也大多處於破裂邊緣，連工作都很零碎：它不再是祖先相傳的農場。現在的社會關係流動很快，年輕人很難知道他們的社會歸屬感能寄託在哪兒。

李義雷：

這不只是現代才有的現象。法國政治學家托克威爾（Alexis de Tocqueville）在一八三〇年時來訪美國，他指出美國人有兩個主要特徵，其中之一就是「美式神經質」。雖然他喜歡一個自由民主的社會，可是他認為追求這種社會要付出非比尋常的代價：因為，你在其中找不到自己的定位。因此，社會系統充滿了不清楚自己是誰或搞不懂什麼才有價值的調調。他相信美國的民主實驗可能會失敗，這不過是兩百年前的事而已。

達賴喇嘛：

美國人口中懷抱這種態度的比率很高嗎？

喬・卡巴金：非常高。

達賴喇嘛：那歐洲或南美洲的情況是不是比較不同？

法藍西斯科・瓦瑞拉：法王，那邊很少有這種現象。我想這種不同有一部份的理由是在於情緒受到語言的文化制約。當我去美國時，就被一大堆論及自尊的談話嚇到了。歐洲和南美很少有這種情形發生，例如你到法國去，就根本聽不到自尊這個字眼。所以，語言會強化情緒，使它變得很重要。這是一個歷史、文化和語言形塑出各種情緒劇目的絕佳例子。

喬・卡巴金：我們也許有可能體驗到五百年前尚未有過的情緒。這也許就是我們自己發現的新情緒。

李義雷：上帝裁判這個很重要的宗教概念也是理由之一。

某位僧侶：

原罪的觀念會強化這一點。我也遇到少數幾個人說佛教的無我教義會強化他們的低自尊感。

李義雷：

有時候美國基督徒會說他們的基督精神只到耶穌受難為止，其它還有什麼事發生都忘光了。可是，故事若要完整的話，除了耶穌被殺外，還包括復活，使基督徒的社群存活下來。但是他們只看到善被摧毀，卻沒看到善的存活，所以圖像的另一邊就完全被排除。

達賴喇嘛：

這種心態在啞巴當中也會發生嗎？

丹尼爾・高曼：

是的，法王。事實上，有身心障礙的人更是容易如此。

達賴喇嘛：

我的意思是說那些不可能用言語溝通的人，也會有這樣的障礙嗎？

法藍西斯科・瓦瑞拉：

拿海倫凱勒（Helen Keller）的例子來說，她生下來又瞎又聾，但她有個好家庭教師，用觸摸來溝通。她最後學會讀寫，並且描述又瞎又聾的經驗。她的描述不是出於社會化的自我意象，而是另一種經由溝通而社會化的自我。這是一個解答您問題的完美例子，回答當然是肯定的，參與文化時即使不用語言，也會塑造出一種自我感。

達賴喇嘛：

藏密有個重要術語叫「自利（self-centeredness）」，意思是說珍惜你自己的幸福勝過其他人。人有沒有可能同時具有自利與低自尊呢？

丹尼爾・布朗：

很有可能，它們經常走在一起。有超高自尊問題的人經常會有一個驕傲誇大的自我形象，低自尊的人也是一樣。

達賴喇嘛：

這些低自尊的人當然會有「自我」感。他們難道不會有一些想要快樂的感覺嗎？

丹尼爾・布朗：

是的，那當然，而且很強。

丹尼爾・高曼：

想要快樂是自利的行為嗎？

達賴喇嘛：

在藏密中，你能問說「**佛陀有自利心嗎？或是只有利他心而已？**」答案的關鍵點在於佛陀兩者都有。這就跟放下自利心的菩薩一樣，為了利益一切眾生，仍然希望自己獲得更深廣的證悟；因此這種人才兼備自利利他兩者。若沒這兩者的話，你就會沒有自信，也會沒什麼自尊。但是自私跟這不同，佛陀或菩薩不會自私。自私只希望自己快樂，卻不管他人死活。它不需要你誇大浮華，只要你把自己擺在第一優先地位，其他人、事、物都居次即可。

丹尼爾・布朗：

自戀性人格疾患(narcissistic personality disorders)可說是自尊問題裡頭一個比較極端的版本，西方的心理治療曾經對此做過很多研究。他們通常都有自尊低落和自我誇大的併發症。有些人一開始是抱怨他們怎麼會有低自尊的情形後，就來接受心理治療，進而發現自己也營造了一種誇大自恃的自我形象，最後他們總算能發展出一個在這兩極之間比較平衡的觀點。其他人則是自誇自捧的情況太過嚴重，然後慢慢經由心理治療，才揭露出自己也有自尊低落的問題，然後才能成功發展出一個比較平衡的觀點。

我們也發現有自戀狂或長期性自尊問題的人很難同時把自己和他人放在心頭衡量。舉例來說，自戀症的個案往往無視於心理治療師的存在，他們滿腦袋瓜只想到自己而已，好像整個房間只有他存在，治療師就會覺得很無聊。有時候相反的情況也是真的；某些個案反而會被治療師的存在迷倒，把治療師理想化或威權化，以使自我感沉浸其存在之中。這些有極端自戀性人格症候群的人，因為無法同時把自己和他人放在心頭衡量，就在全都為己或全都為人的心境之間變來變去。這是問題中有待改正的部份。

達賴喇嘛：

在這些有低自尊問題的案例中，好像呈現出三種事物。首先，他們當然有一個自我感；其次，他們想要快樂；但第三，他們有看輕或氣憤自己的傾向。這也許跟無望和沮喪有關聯。你建議說有這三種問題的人可經由正念禪的訓練，觀察他們念頭的生起，並了知那些僅只是念頭而已。這種覺照多少有助於減輕他們的低自尊情形，那是由於他們修練的成就感，還是因為其它的事情？

「我不是很懂，但總要試試看」

喬・卡巴金：

我認為這也涉及到其它的事情，但您已經指出這個強烈的沮喪形式中一個非常重要的關鍵點。在過去十五年來，西方心理學有很多研究都以自我效能（self-efficacy）為主題。這種人具有實現事物能力的信念，在某些領域中有非常特定的效果出現。如果你不相信你有戒菸的能力，我們能預測你將沒那麼容易就戒菸成功。拿修車來說，有人打開車頭蓋後，就說「老天爺，我絕對辦不到。」那他們就始終學不會修車。其他人則是說「好吧，我不是很懂，但總要試看看。」這些人就調適得比較好，比較快樂，也比較快康復。這種自我能力的信念是患者能從心臟病和關節炎中康復最確定的預測指數，而且它確實與免疫系統的某些測量標準相關聯。

說得更清楚一點，當他們在禪修中發現自己不必感到被念頭壓死時，就不會把「我不好」的想法當真，而會看成是一個念頭，然後把它放下，這就能促進他們的自我效能感。下次再有不好的想法，他們就能讓它來，捕捉它，然後放它走，所以他們就不會感到那麼憂鬱。他們也就愈能相信自己的能耐會更有技巧，這種掌控感就是一個增強自尊的積極方式。

達賴喇嘛：

你有沒有應用其它方法，像是用完成課題和稱讚的方式，來增強他們的士氣或自尊？

喬・卡巴金：

是的，這些當然有幫助。

應付低自尊的方法

丹尼爾・布朗：

我在這裡要說到方法的議題才行。喬已經說過如何用禪修來處理這個問題；我們雖然想看到它是否能處理更多的問題，可是這是他獨特的工作取向。一般來講，西方處理這些問題的取向是心理治療，其中有兩種方法還滿管用的。一種是直接處理想法的認知治療法。你首先要認出負面思考的模式，例如找人寫下他們典型負面想法的清單，如「我是壞人；我一事無成；我專走霉運；情況會更糟糕。」然後，他們在單子反面寫下正面的想法，以當作解毒劑。例如他們要對治「情況會更糟糕」的想法，就要寫下「一步一腳印」；或是要對治「我是壞人」的想法，就寫下自己有哪些價值。

然後，他們就把這些自我肯定的想法，一直放在心頭上溫習，就跟禪修者念咒的情形一樣。當人們有規律地練習那些肯定想法時，一天只要二十分鐘到半小時，或是整天不時穿插個幾分鐘，終能改變整個負面思考的模式，並且能更加正面地思及自身種種情況。所以，這是一種方式：認出負面想法，再找出肯定句的解毒劑。

達賴喇嘛：

所以，這幾乎就像是在跟自己提醒自身的價值何在。

丹尼爾．布朗：

是的。法王，我知道您的傳統中也有類似的修練法，拿負面行為的相反面當解毒劑。不過，這種方法好像比較偏想法，而不是偏行為。如果你有壞念頭，就可用好念頭來解毒。

心理治療的第二個取向則是比較有關於人際關係的品質，特別是醫病關係。據信負面思考的人在成長期中有被雙親或其他人忽視過，或是沒被讚賞過其現實成就。這些人有合法要求被讚賞的權利。長時間下來，如果治療師能一直對個案保持興趣、尊敬和讚賞，就能使他們改掉自恨傾向，發展出一個更加健全均衡的自我感。他們就好像是被治療師再親職養育（re-parented）一般。

達賴喇嘛：

我嘗試要追蹤這樁事情的自然因果環節。我們追查到希望自己快樂的自我感時，低自尊和自我厭惡就進場了。但在這個下面，難道在深層的地方都沒有過自我悲憫嗎？在那種情況下，低自尊只是表層的扭曲，深層還是潛藏有適當的自愛。

喬・卡巴金：

話是沒錯，但你若接觸不到那個自愛感，那麼你就會覺得隔離和孤單。

達賴喇嘛：

如果一切的情緒都沒有真實的愛做基礎的話，那麼即使有其他人稱讚你，你也不會受到讚美的影響。當其他人稱讚低自尊者時，他或她會說他們誇錯人了。布朗描述的方法是用肯定句來對治負面感覺，這就好像在提醒個案他們的價值何在。當個案看了單子兩面的消極字眼和積極字眼後，就會被提醒說他們是有能力的，也是有價值的，這對他們很有幫助。但除非他們的情緒底下有某種自愛，否則這就很難理解了；因為這樣會找不到動機。

喬・卡巴金：

我認為所有人類都有愛的深層儲藏庫。

達賴喇嘛：

噢，對的。我相信那是人類的天性。只要你是人類，自愛就如影隨形。

喬・卡巴金：法王，您是絕對正確的。舉例來說，有很多人太過操心他們的身體，老覺得這不好，那也不好，不夠漂亮等等。當治療成功或禪修有突破時，他們就會有打通氣脈，直達深層的安樂感。

達賴喇嘛：這就是西藏瑜珈行者的禪修目標，所以不用試了，他們已經完成那個目標！（笑聲）

喬・卡巴金：當人們開始注意他們身體的時刻，就常常會發現在表層不喜歡底下，他們是接納自己身體的。但是老在心海表面晃盪的念頭都有強烈的負面傾向，所以它們能防止他們碰觸到深層的整體感。那麼，關鍵問題就在於如何使人既有效率又很安穩地接觸到愛與和平，並導引人走向長期性的深奧理解之路。

培養對自己的慈愛

達賴喇嘛：我想到跟整個議題有關的佛教原則——一切眾生皆有佛性。當你把這應用到人格上時，你心性的本質就會純淨；而且這可作為你自信和克服沮喪的基礎。

喬・卡巴金：

但是這需要信仰，而您也剛說到有四億人口沒信仰。

達賴喇嘛：

人們可以不必從佛性的主張開始，因為那會形成信仰的跳躍。反而，人們應該首先尋求空性的了悟。這有兩條路好走：對有些人來說，信仰是第一步，但另一條路則是在信仰外，加上空性的悟。在這個了悟的基礎上，人們便可看出心理扭曲完全是偶然發生的。它們不是內在於心性之中，因此人們可自由擺脫它們。然後，你便能引進佛性的主張，它現在就有非常堅實的基礎，不單是信仰的主張而已。

喬・卡巴金：

如果您用了容易引起誤解的字眼，會在美國造成軒然大波。因為，您所謂的空性跟西方人對這個字眼的了解，實在是有太大的出入。他們早就感到自己內心滿是空虛！（笑聲）

達賴喇嘛：

西方人對空性的了解真是有夠空洞！西方誤認為空性只是虛無而已，殊不知它也有圓滿的一面。我們平常用自我或自我認同等字眼時，也是有正負面兩種意涵嘛。自我認同的負面意涵是指自重、自誇、自傲等感受，這是一種錯誤的認同感，缺乏任何有價值的成立基礎。但是菩薩的自我認同感卻比一般人來得更加正面，因為祂們為了利益眾生，已經做好犧牲自身福利的準備。你若想要學菩薩這種強韌的意志力，首先就先要有一個堅強的自我感，你才能把第一優先考量對象從自己轉到他人身上。因此，菩薩的自我認同感比一般人都來得強，你要學的話，就需要有堅強的自信，方能發展出這種超凡的意志力。

喬・卡巴金：

這跟李義雷講的精神冷漠之罪滿有關聯，而且這是社會到處看得到的一個問題。我在想這跟發展堅強的意志力，應該沒有什麼關係吧。

丹尼爾・布朗：

西方的心理治療也有健全自尊的概念，不過這跟您講的菩薩性格不同。自尊健全的個體不會自大，也不會狂妄不實。最重要的是他能不受情境脈絡的左右，並保住自我的尊嚴。低自尊的人就無法如此，他們把自我價值建立在情境脈絡之上。例如我擔心別人怎麼看我的話，就會很需要別人的欣羨或讚賞，可是別人若來批評我的話，就會感到自己很沒尊嚴。因為，我要依靠其他人對我的觀點，才能肯定自己的價值。或者是說，我的價值有賴於我對自己成就的自我評估。如果我把事情辦妥，就感到飄飄然；我若表現不符個人標準，就感到糟透了。自尊健全的人比較不會依賴外在的環境脈絡，也不會被外在表現和內在標準的落差所左右。所以，他們的自尊很穩定，不會改變太多。

達賴喇嘛：

因為它是建立在證據和理性之上，才會有這麼大的穩定度。

丹尼爾・布朗：

是的，它的穩定度很高。所以，他們不容易被其他人的厭惡或欣羨所影響，多少已達到毀譽不動於心的地步。西方這個健全自尊的概念所迷失的部份，正是您的傳統所強調的東西。健全自尊的概念通常是強調自主和獨立。菩薩的概念卻是強調跟他人的關係，以及為他人服務。所以，這兩個概念有點不同。

達賴喇嘛：

我雖然是提出菩薩的例子，但是這有一個更寬廣的關聯性。

我以菩薩為指標，來討論適當或健全的自我認同這個議題，是為了糾正一般人把菩薩跟自我犧牲畫等號的作法。不過，堅強的自我認同感是可以跟許多非菩薩性格的人有所關聯。要有這種堅強和真實的自我感，你不一定要有深層的利他感受才行。不只是菩薩，連聲聞（*shravakas*）（註一）和緣覺（*pratyekabuddhas*）（註二）也當然有堅強的「自我」感，以抗拒不圓滿的行動。所以，他們也有一個很堅強的個人認同感。

真誠的接納自我

丹尼爾・高曼：這一類認同有什麼心性的特徵或性質？這種人的心性中又是哪一種心理因素居主導地位？

達賴喇嘛：堅強的自我認同或自信這種適當感受不只依賴一種原因，而是要靠許多原因才行。譬如說，**佛教心理學認為自信不必靠欺騙或驕傲，而且它還可以激發人對某些事情的志向，卻不會產生貪愛**。同樣的，人也可以有慈悲心，卻不會帶有煩惱執著。人可以藉由分別慧，來區別出不同種類的自信。

亞倫・華勒斯：我們這裡用到的翻譯用語「自信」或「自尊」，其實它們也意味著個人的和公共的良知。這兩者的差別在於當你獨自一個人時，個人良知仍然在運作：你的良知或自尊不會讓你參與不圓滿的行為，不管有沒有人會發現這個行為，你都會因為此事不宜而作罷。公共良知則要把其他人對你的觀感納入考量。這兩者都被當成心性的圓滿狀態。人們能夠強烈地擁抱這兩者，而不會有任何不引人注目、缺乏自尊或沮喪的感受。

丹尼爾・布朗：

這種定義是強調避免不圓滿的行為。不曉得這是否也包含不圓滿的念頭？

亞倫・華勒斯：

噢，那當然：身、語、意三業。

圖典・金巴喇嘛：

那是一種審慎的意味，沒有讓你氣餒的意思。

達賴喇嘛：

語言的不同確實會產生一些溝通的困難。也許我們最後會形成一個共同的語言。那樣，我們就可省下很多時間了！（笑聲）

對於有這種問題又非佛教徒的人，什麼才是最好的方法？

丹尼爾・高曼：

認知治療。

達賴喇嘛：

你能採用佛教的元素，並且把它們應用在非信徒的人身上嗎？

丹尼爾・高曼：

認知治療有一個重要部份就是正念，要你去學習只是察知有這些念頭就好了。

雷克斯・柏金（Alex Berzin）：

但我認為其它側面也很重要，像是師生關係就比付費的醫病關係來得自然，因為你會想說治療師是看在錢的關係，才讚美我，可是老師卻是很真誠地要幫你，把你看得很重，讓你感到自己值得人家幫助。這種關係側面對西方人很重要，因為我們大部份是在孤立環境中長大，每個人都覺得很孤單。

丹尼爾・高曼：

當西方學生覺得這位老師有愛心又能接納別人時，就能幫助他們控制這種低自尊的感受。

達賴喇嘛：所以，**低自尊的主要原因可能是缺乏關愛。**

丹尼爾・布朗：是的，不過要以正確的方式關愛。只有在小孩做對事情時，才能給他們有條件的關愛，那樣子小孩才會學到只有行為正當，才能贏得肯定和尊重。

喬・卡巴金：那是某些父母親要它如此的方式。

雷克斯・柏金：西方的兒童養育還有另一個重要因素，那就是兒童因為使壞而有獎賞。如果你大聲哭鬧，行為乖張，那你父母親最後就會讓步，你要什麼就給你什麼。

達賴喇嘛：這種情況太普遍了吧。西藏人也是這樣做啊。（笑聲）

法藍西斯科・瓦瑞拉：

法王，您難道沒有發現西藏家族的關愛也不可能一直是無條件的？父母親也有他們自己不開明的地方，因此他們也不可能無條件地關愛他們的小孩？

達賴喇嘛：

一般來說，西藏人的態度不把父母的關愛之情建立在「我小孩很好」的感受上，而是單憑著「這是我小孩」的認定。我認為這是主要理由所在。關愛是建立在小孩是自己生的事實之上，如果小孩能培育出好品性，那關愛就自然會增多。如果小孩品性差，又一直不改正惡習，關愛自然減少。也許這有一些社會學的因素。例如西方的資本主義經濟體系非常競爭，它有很多價值是用經濟結果來考量，所以這種模式也可能延伸到親子關係上。在經濟體系中，你給錢出去，就要有東西回收進來，這或許也應用到兒童行為上了。這就像一種商業往來：兒童要接收雙親慈愛的話，就要付出尊敬長輩和態度良好的代價。

李義雷：

我對此要提供一個不同的觀點，也許這點說法得不到我同僚的贊同。我真的認為美國部份人口有很深層的自尊問題。但是其餘人口大部份都有很堅強的自尊，而且不是自大類型，也不是病態類型。他們之中有許多人已經掌握這個國家的運作大權，雖然這些人的自信滿滿，作法呈現出很強烈的自我感，甚至含有很多欺妄的成分。不過，整個國家有意義的部份，最好還是由這些有更多自尊問題的人來組成！

丹尼爾・布朗：

如果你看憂鬱症的統計數字，意義就很明顯。總人口數中約有百分之十五的人都曾被診斷有憂鬱症傾向，而憂鬱通常跟低自尊脫不了關係。可是，這個數字只算到有來醫院求診的人而已，因此我估計全國至少有四分之一的人有憂鬱症傾向。

李義雷：

我不是在質疑這一點，但我認為總人口中至少有三分之一到二分之一的人無法適用這一點；而且，這裡面有很多人正在決定這個國家的走向。

達賴喇嘛：

那你有沒有發現這在社會主義體系的情況，和資本主義體系有何不同之處嗎？

丹尼爾・布朗：

我們也不很清楚。不過，有一些關於低自尊的家庭研究歸納出一個模式：對子女有高期望的家庭好像很容易養出低自尊的小孩，特別是那些上層階級的家庭更是如此。當然，美國人在一九三〇年代的經濟大蕭條後，開始擔心下一代的人能否承受這種歷練，以及達成經濟穩定的目標。每個小孩都有他或她自己的脾性，也有自己的成長和發展方式。這就跟身體很像，個體都有自己獨特的身分認同。在高期望家庭中，小孩的成長方式也有一些差異存在。可是，父母親往往對小孩的資質產生錯覺，不讓小孩自然發展，而在他們身上加諸不同的期望。結果就是小孩長大後覺得自己被錯誤看待，不能以本來面目示人，便會造成自我懷疑和無法確認自身價值的現象。這只是一個例子而已，但全美國普遍都在研究這種情形。

雷克斯・柏金：

從我待在社會主義國家的經驗來看，我發現經濟體系不是差異的原因所在。每個國家都有自己的文化，波蘭人根本不管別人在說什麼，東正教背景出身的俄國人也不存在西方基督教那種罪疚感的問題。每個文化、每個國家的差異都很大。

達賴喇嘛：

所以，若要回答你一開始問到的培育自我慈愛的問題，以及這在佛教徒的修行中是否佔有一席之地：是的，的確如此。(笑聲)

註釋：

註一：聲聞代表聽聞者。這些修行人是只求自己個人的解脫（譯按：此指小乘阿羅漢聽聞佛陀無我的教理後，只求自己的涅槃），不像菩薩是為利益眾生而追求開悟。

註二：緣覺代表沈寂的佛陀。這些修行人獨自一人走在開悟道上，已經證悟了無常無我的緣起道理。

〈第五部〉

覺識的本性

THE NATURE OF AWARENESS

10 內在覺醒

心性、腦部和身體的交談

情緒、認知和腦部活動之間的關係不僅是個很重要的議題，也會引發出意識的性質為何這個問題。這是科學和佛教分歧的關鍵點：意識是腦部的浮現特質，或是獨立於腦部之外最細微的存在形式?

佛教和西方神經科學主要就是在爭這個意識的性質。在西方來說，神經科學家相信要解決意識的詮釋問題，就需要指認意識在腦部的神經對應物。主流派理論主張只要找出神經元迴路與意識各個層面的關聯位置，然後再判定它們與其它神經元迴路的聯結方式，就可證明這個論點。這個解釋模型把意識看成是由細胞間無數神經網絡的巨量訊息交換中所浮現的特質。

神經學家仍然承認至今尚無人知道一個複雜的神經元組合如何能察覺到自身的存在。有些評論家也觀察到神經科學的研究具有一種化約論（reductionism）的假定——此觀點認為心理事件和行為可以被化約為生理學的過程。當代科學處理意識這個「艱澀」的問題時，會經發生過一場良性互動的論戰，其中的論點已經不會一味運用生理過程的術語，不過時至今日，也還沒找出大家都同意的解答。

反之，藏傳佛教學者提出了八識的解釋模型：阿賴耶識（*Kun shi*）、末那識（*sems*）、以及六識（譯按：六識指眼識、耳識、鼻識、舌識、身識、意識）。每個主體在阿賴耶識這個基本層面上，都會形成一種主客對立的二元化知覺。末那識就是認知，因此就成為各種雜亂思緒的核心所在。認知既然身為「第六識」，就得去連結和統合其它五種感官意識才行。

佛教拿禪修來穩定心識，以便仔細審查心識的內容物，最後總算發現在感官知覺及思考之外，別有一番意識的微細層面。因此，佛教認為西方的主流信念是站在化約論和唯物論的立場，才會把意識看成是一種腦部活動的浮現性功能。佛教也同意有許多意識形式都跟腦部和感官知覺有關聯，可是意識也有某些細微要素是不能被侷限於腦部活動。所謂的「內在覺性（intrinsic awareness）」就表示它已經超越了日常意識的層面；一切有情眾生的「佛性」也是不需仰賴身體或腦，就已本然如是存在。達賴喇嘛在當時就是以這兩點意見直指出問題核心所在，才使得整個對談充滿了知性的張力（intellectual tension）。

達賴喇嘛：

某些心理活動或思維過程能倒過來引發腦部刺激嗎？換句話說，有沒有心腦之間雙向交通的可能性？倘若我們把意識存在當成前提的話，就可以解釋那些生理因素。我認為意識有許多不同的層次，一是身體的生理性產物，這種粗糙的心識層次只是為了回應身體的變化；另一是心識更細微的層次，它先於身體而存在，並引發腦中的變化。如果我們認定意識沒有獨立的存在，而僅為腦部浮現特質的話，那麼腦部活動的原發起者是什麼東西呢？

法蘭西斯科・瓦瑞拉：

這沒有一致的答案，但是神經科學界的共識是把意識視為腦部內在電位活動的浮現特質。因此，我們不需要心識的細微層次這類觀念，也不認為它是可證明的。

達賴喇嘛：

浮現的原發起者是什麼呢？你難道是說腦部的活化會引發情緒的活化嗎？

法蘭西斯科・瓦瑞拉：

是的，從科學觀點來看，那很合理，因為它們打從一開始就在互相影響。腦部養份夠，這種相互活化的過程就會繼續。

達賴喇嘛：

那麼，情緒是因為有腦部活動，才能浮現出來。但這裏有一個決定性的要點：情緒和腦部活動之間是因果關係，還是對應關係？那是由腦部活動引起情緒，還是同時發生的，故無因果關係？

克里夫・沙隆：我不會說它們是同時發生的，尤其是你看過神經解剖學的話。

達賴喇嘛：腦部活動先於情緒狀態而存在，這是種固定不變的情形嗎？

克里夫・沙隆：腦部活動存在於許多種不同的層面，這些不同層面的活動引發了情緒狀態。我認為腦皮質的差異是先於經驗而存在，或是跟在經驗之後出現，才值得探討？我們能仔細檢查面部表情之前的活動，並且看它是否有對應物？在有關憂鬱和脾氣的實驗中，腦部差異和當前的情緒反應無關，但和情緒反應的傾向卻有相關。因此，我們不能說腦部活動是當前情緒狀態的原因所在。

達賴喇嘛：這是否意謂著當你下到最基本的分子層級時，腦部跟石頭的基本分子是密不可分的？

法蘭西斯科・瓦瑞拉：

只要到原子和分子的層級，情況都一樣。

達賴喇嘛：

當許多微粒聚集在一起，它們不就有生命了嗎？生命有兩種範疇：植物與動物，但只有動物發展出覺察力，植物則否。這主要的原因是什麼，又是發生在那個階段呢？

法蘭西斯科・瓦瑞拉：

這問題有個很不錯的古典解答方式，那就是把認知或覺察（不管它是什麼）視為一種特殊系統構造的浮現特質，它們需要神經系統，還要有感覺和運動裝置，以及聯絡神經元。植物從未發展出神經系統，但動物就行，並進而演化和創造出認知的各式能力。人類似乎是在演化某一點上發生了某個事件，才具有覺察力，這點當然還有很大的爭論。不過，大部份的人都會同意像巨猿或海豚等動物，都具有覺察力和慈悲心。

達賴喇嘛：

我感覺你在使用「覺察力」這個術語時，把標準拉得太高了。我們當然會同意很多動物都是有覺察意識的，即使是下推到水螅身上也不例外。

法蘭西斯科・瓦瑞拉：
是的，但你不能說牠們能察覺到自身的存在。

達賴喇嘛：
我不是指動物對自身的意識，而是指廣義的覺察力。動物之所以是有情的存有物，就是因為它們會感覺、會體驗。

法蘭西斯科・瓦瑞拉：
很抱歉。當您在神經科學的脈絡下使用覺察力這個字眼時，便具有自我覺察的意涵。您可以使用認知或知覺這樣的字眼，任何人都會同意擁有神經系統的動物都具備認知的形式，許多人甚至會說像變形蟲那樣的單細胞生物也具有認知形式。

達賴喇嘛：
但植物沒有嗎？

法蘭西斯科・瓦瑞拉：
不，法王。動植物的主要差異在於感覺運動的連結（sensorimotor correlation），所以動物就具有移動的可能性。這是我們在行為外觀上確認其是否具有認知能力的關鍵因素。既然阿米巴蟲能到處搜尋食物，就與植物的被動接受大異其趣。到處搜索這種行為就創立了神經系統的可能性。除此之外，我們很難說何處是神經系統的開端與盡頭？例如說，很多人認為T細胞和B細胞的總體具有認知、知識和刺激的幼小萌生形式。

達賴喇嘛：

所以，當你說某些科學家同意巨猿也具有覺察力時，你是指那種和人類相似的自我覺察力嗎？

法蘭西斯科・瓦瑞拉：

是的。那是一種跟我們經驗很類似的自我反思形式。而且這不太可能在貓，甚至在阿米巴蟲身上出現。

由念頭啟動的情緒

克里夫・沙隆：

法王，我們已經討論過情緒的內在因素與外在因素，但什麼樣的心智活動才特別能引發情緒呢？

達賴喇嘛：

這很難講。在解脫的阿羅漢或去除煩惱障和所知障的佛陀心中，是否仍有情緒的存在？如果我們把慈悲歸為情緒的話，那麼回答是肯定的，因為在證悟者心中有這些心理狀態。舉例來說，你不能把自我中心（egotism）講成是情緒興起的必要原因，因為證悟者不會自誇，但他們確實有情緒。而且，自我感不必然如自誇那般虛妄，因此證悟者可以具有一種不虛妄的自我感。但情緒是否由自我感引發，情緒是否為覺察力的內在性質，以及情緒是否是由對特定對象的認知引發，這些都是開放性的問題。

意識有不同的層次。一方面，意識有一個視身體情況而定的層次。比方說，在生理疾病的案例中，身體這種不平衡是心理扭曲（如貪欲）的主要原因。

現在來看一下感官知覺好了，佛教心理學就提出三種促進因素的類型，它們一起使感覺的延綿成為可能。以視覺為例，第一種作為支配條件的原因（譯按：此指佛教四緣說的親因緣）就是指生理性的視覺機能。第二種作為指涉條件的原因（譯按：此指佛教四緣說的所緣緣）則是指外在刺激。第三種作為直接條件的原因（譯按：此指佛教四緣說的等無間緣）指的是了知（clarity）的直接前導事件，或者是感官知覺的了知性質。這種了知事件也有其促進因素，它的直接原因就是知覺的前一瞬間。既然是知覺的前一瞬間，就表示第三種條件是認知性的。

從經驗來看，你在沒有特定刺激的影響下當然能靜靜坐著，否則念頭興起時也許自己會嚇一跳，或者是產生某種生理效應。這看起來是在主張先有主觀的認知事件，才會引發身體的反應，而且反之不然。當然，身體的活動也能促進情緒，甚至可修正情緒。就平常經驗來看，覺察力本性上似乎就是猶豫不決的或是變動不拘的，它擺盪的速度甚至比每秒十周期還快。（笑聲）現在，禪修所培養的正念能力正可包含你的覺識，減輕你內心的猶豫不定，因此你才能穩住覺察力和專注力。若是如此的話，我們便可用正念這種純主觀的心理技巧來改變覺察力的本性，並可帶來腦與身的整體變化，這應該不難理解才是。

法蘭西斯科・瓦瑞拉：

在那個案例中，是情緒狀態造成覺察力的猶豫不定嗎？

達賴喇嘛：

用十二緣起（causal sequences）的術語來說，你先要有基本的接觸（譯按：此指十二緣起的觸支），然後你才會有實際的認知（譯按：此指十二緣起的受支），而這就會引發出情緒了（譯按：此指十二緣起的愛支）。

法蘭西斯科・瓦瑞拉：

所以，情緒是在心智確認過外境（ascertainment）之後發生。可是有一種情況正好相反，譬如說我們突然間聽到爆裂聲時，注意力會先轉到警戒、驚慌和害怕的感覺，然後才了解到天花板要掉下來了。在這個案例中，難道情緒不正是先於感受的確認嗎？

達賴喇嘛：

如果你對剎那進行非常精確的分析，你就會確認到某些事情發生。你聽到異常的聲音，這就會喚起你的情緒，即使你不知道它是屋頂崩塌聲。然後，你便會詳細覺察到發生了什麼事情。這是一件複雜的事：你的確是先對聲音有感受，稍後你才會知道它的意思是什麼。

法蘭西斯科・瓦瑞拉：

你要如何分析另一個極端的情境，那裡可沒啥特殊事件發生呢！當你或坐或行時，有時候情緒狀態就突然變了。你突然之間感到寂寞、沮喪、快樂等諸如此類的情緒。那這種情緒轉變的促進因素又是什麼呢？

達賴喇嘛：

它可能完全是內在因素，也可能是受到細微的外在導引。一方面，我們已經習慣於某種私人偏好的想法。所以，即使沒有任何明顯的外在刺激，你先前養成的慣性力量仍然會使你的情緒自動轉變。另一方面，也有可能是環境具有引發情緒的細微性質。它可能是細微的愉悅感或模糊的沮喪感，雖然你有可能覺察不到它。

在我首次造訪莫斯科時，我的心理功能變得相當遲鈍。其他同行的喇嘛們也說他們在每日早晚時也有類似的情緒體驗。當然，這有可能是因為當天的早餐吃得太晚（笑聲）。不幸的是那個區域有過太多的殺戮，太多負面的人類情緒。在那種處境下，即使你意識不到那些事物，但它們的影響力仍在那兒。你大概可以把它們轉譯為陰鬱（gloom），但它實際上指的是某些障蔽本心的事物。同樣的，待在西藏高山的醫師通常能預測出某人不是在明天就是在傍晚後會來到這兒。這事當然會發生，因此環境總是有一些正負面的影響，即使它並不是個有意識的刺激。

丹尼爾・布朗：

某些西方的情緒理論也說到訊息處理過程的不同層次。他們也許不同意認知會先發生在前注意的層次（preattentive level），或是發生在把念頭精緻化的確認之後。但是這些理論跟西藏傳統一樣，都共同假定這個過程總是牽涉到某種認知。

丹尼爾・高曼：

理察・戴維森的研究有助於我們搞清楚壓抑和腦功能的關係。大家都知道身體右側是由左腦所控制，而且反之亦然。你看到的東西也是一樣這種情形，假如你把映入眼簾的事物分成左右邊的話，右眼傳進來的會送至左腦，左眼傳進來的則會送至右腦。就像克里夫告訴我們的那樣，**右腦是負面情緒的中心，左腦是控制語言的中樞**。因此，研究人員使用了一部向腦部顯示字眼的裝置，就發現你右眼看見擾亂心志的字眼時，那字眼的訊息會先傳到左腦，再傳到右腦，然後才在右腦引發情緒反應。他們後來就因此而測出左右腦活動間的精確時間差，然後就發現一件有趣的事情。當「玻璃」這種中立字眼出現時，壓抑者和其他人都有相同的反應。但是像「殺戮」這樣令人不安的字眼出現時，壓抑者的腦部訊息傳遞時間就大為增加。這表示腦內有個類似檢查員（censor）的東西，它會說「你不能把它引入腦海；你不能知道那個東西」。所以，壓抑者有可能實際上並沒體驗到他們所否認的事物。

達賴喇嘛：

若你對左眼展示相同字眼時，那會發生什麼情形？

克里夫・沙隆：

它將會從左方視域投射到右腦。由於右撇子的語言裝置是被左腦所控制，所以他們要說話時，訊息必須從右腦傳送到左腦。

達賴喇嘛：

那快樂的字眼會如何？若從右腦傳到左腦的速度來看，它和中性的字眼會有相同的速度嗎？

丹尼爾・高曼：

我不相信快樂字眼和中性字眼之間會有差異。根據研究顯示，當中性字眼直接呈現在左腦時，其速度無異於快樂的字眼，可是不快樂字眼的呈現速度卻會比較慢。

克里夫・沙隆：

這個觀念是在說檢查員減緩了負面情緒訊息從右腦轉移到左腦的速度，只有到了左腦，我們才能表達出自己的反應。

克里夫・沙隆：

或許可以用這個自由聯想的測驗：你看見一個字眼時，你必須說出心中所浮現的第一個字眼。我們所使用的測量標準不是靠腦電圖，而是要測試它說出來的反應時間有多長。

達賴喇嘛：

舉例來說，中性字眼要先在你左腦呈現後，才會移到右腦。

克里夫・沙隆：

那當然。左視域的字眼總是要花長一點的時間，才能夠說得出來。

法蘭西斯科・瓦瑞拉：

如果總是在乎反應時間的話，那為何還要檢查呢？嚴格來講，這比較像是在意行動遲緩，而非檢查。

克里夫・沙隆：

那是一條通道。你要花時間去走完它，或者是取消它。

丹尼爾・高曼：

你可以說不快樂字眼較快樂字眼需要更多的訊息處理過程。我們所知也僅限於此而已。

巴伯・李文斯敦：

法王也許有興趣知道我們每個人在看字眼和圖片時，都有檢查制度在背後運作。我舉兩個例子來說，像「英雄」和「名聲」這類字眼的連結，只需短暫的反應時間便能很快看到；像「女士」和「妓女」這類字眼的連結，則需要花四倍長的毫秒時間來解讀。這一點適用於所有正常人。如果你要求一個人辨識他在圖片中所看到的東西時，它是令人愉悅的還是令人反感的就會造成很大的差異。如果你向一群人展示四張圖片，要求他們只要一辨認出它們的屬性，就馬上告訴你，你就會發現他們很快就看到正面的圖片，但要看到負面的圖片，可能需要多花一整秒的時間。不過，這些運作都發生在意識覺察到之前。

丹尼爾・高曼：

既然您有興趣，我就說另一個研究好了。當你注視某物時，眼球就會稍微轉動。眼科學家後來就發展出一種可追蹤眼球活動卻不會干涉視覺的儀器。用這儀器實驗的結果發現：焦慮的人在看一張同時具有不快樂和中性場景的圖片時，眼睛只會看那中立的區域，甚至完全不瞄不快樂區域。當他們被問到圖片中有什麼時，他們只會描述所有快樂的事物，卻完全不記得有不快樂的東西。我們不知道這是如何發生的，但這再度凸顯出在意識覺察之前，腦有某些部份已經知道這是什麼事了，並且會把知覺從不快樂的事物那兒引開。

達賴喇嘛：

從佛教的觀點來看，問題在於人們是否無法看見或是回憶起那個意象。人們可能在視覺上有瞄過它，但他沒有充分注意到那個特定部份，才沒建立起連結關係。所以，在感覺的層面上，並沒有判斷涉入。

丹尼爾・高曼：

這就是重點。有時候，人們真的沒有看到。他們可以運用此裝置來判別這一點。在其他時候，他們是有看到，但是回憶不起來。

達賴喇嘛：

你如何判別這種差異？

喬・卡巴金：

事實上，這個實驗顯示他們確實看到物體。如果眼球的追蹤活動沒有檢查過濾的話，就能注意到所有的區域。在這個案例中，你會發現這些人的眼睛選擇了快樂的區域，這等於是告訴你說他們非要看到快樂的事物不可。

丹尼爾・高曼：

那是下一個論點。

克里夫・沙隆：

法王，我能夠稍稍澄清這個論點。這個追蹤視覺中心的裝置是要查出那一小塊最清晰的視覺區域，但你也可由周邊視域得知一些訊息，它們會明白告知你不要往那個區域看。

法蘭西斯科・瓦瑞拉：

在我們所稱的低層次視覺中，即使是在眼睛或視網膜的層次上，其實也在進行大量的判讀工作。例如在視網膜上，你能決定哪裡有邊緣，哪裡沒有，然後才能在下一階段勾勒出對象的形式。雖然你不知道這對象是玻璃還是麥克風，但是只要在視域中有邊緣出現的話，在幾毫秒之內就會做出一個重要決定。從神經科學的觀點來看，這一點很重要，因為視域的建構本就分成許多階段。所謂的低層次雖然遠在意識覺察之前發生，也是有非常多的細部加工過程：它涉及一大堆判斷、建構和解釋。

達賴喇嘛：

甚至是在訊息抵達腦部之前嗎？

法蘭西斯科・瓦瑞拉：

從視神經出來的影像，並不同於映入視網膜上一組原始的光線組合。它在抵達中腦之前，早已被精密加工過了。

達賴喇嘛：

但是現代神經科學的立場不是認為說實際上並不是眼睛，而是腦在觀看事物嗎？

法蘭西斯科・瓦瑞拉：

這並不只是腦或眼在觀看事物，事實上是兩者共同合作所完成的。只要有由眼到腦的輸入活動，就有由腦到感覺器官的輸出活動。有多少我們稱之為感覺集中化的中央控制，就有多少感覺集中化輸入腦中。只有這兩者的合作才能產生視覺，所以它既不靠眼也不靠腦。它遍佈一切地方；它是個浮現的特質。

達賴喇嘛：

問題在於視覺判斷是否可能獨立於心理知覺之外呢？我也不確定佛教最複雜的哲學系統——中觀應成派——是否會主張這些問題。從中觀應成派的觀點來看，唯一確定的是不同感官的表象知覺，已被人們無明與執取的潛在傾向所污染。表象確實會影響不同的感官，而這些感官並非心理覺察。以它們理解對象的實際模式來看，不同的感覺是否已被任何判斷方式修定過，仍然是個開放的問題。

法蘭西斯科・瓦瑞拉：

神經科學的觀點絕對會說它們正是如此。例如你觸摸皮膚時，感覺受體的活動是由腦的頂葉直接控制。腦等於是在調節感覺與料（constitutes data）的構成。對神經科學家而言，感官的訊息總是涉及兩方面：我手指的刺激影響和轉譯此刺激的受體控制。即使是在低層次中，在感覺影響之外，這種活動還是涉及了大量的處置過程（註一）。例如視網膜上，從視神經上傳出的不只是受體的活動。假如我們來比較受體活動和神經活動的影像，就會發現這兩者看來極為不同。物體內外的修飾和邊緣已經在這個層次上顯現了。

亞倫・華萊士：

你是說即使是非常原始的視力覺察，也會被先前的經驗所制約？

法蘭西斯科・瓦瑞拉：

某些低層次的處置過程跟先前的經驗無關，它僅只是連接而已。

克里夫・沙隆：

這乃是細胞連結方式所具備的功能。

法蘭西斯科・瓦瑞拉：

例如你觀察青蛙視網膜上的視神經時，你只能發現和蒼蠅事物有關的活動。你無法在人類或猴子的視網膜上發現「蒼蠅偵測者」。

達賴喇嘛：舉例來說，假如你突然之間被燙到，四肢會很自然地快速縮回，以離開熱源，這種立即反應是否和腦有關？

法蘭西斯科・瓦瑞拉：

兩者皆為真。如果身體和腦的關聯被切斷的話，你被燙到的腿仍然會縮回，因為這是低層次的反射。在正常的情形下，低層次的反射是受到高層中心的調節，因此如果你被燙到的話，低層次反射就會不理高層控制。那之後，高層控制會說「你太誇張了，事情並沒有那麼糟！」這些相互依存的層次有很多等級，在一個感覺連續體的不同點當中，不同層次會分別脫穎而出，扮演重要的決定性角色。在燙傷那一刻時，是由低層級反射接管；但在像走路這樣的正常活動時，則由高層中心接管。感覺連續體有另一個極端，那就是運用高層中心去抵抗低層次反射的強烈傾向，比如說馬戲團的演員在走鋼索，就是在用高層中心來表演一個創造性的行為。

凡是知覺就不會被限定在某個區域，反而是一種大家各盡本分的集體事務。這對神經科學來說很重要。大體而言，腦就像一台分散平行處理的裝置。我們只會在你損壞一個局部區域，並中止一項功能時，提到腦部的區域功能，但這不意味這項功能只能被限定在那個區域。這是一個常見的錯誤；我們的語言描述會把腦部的平行處理化約成不正確的東西。

註釋：

註一：在視覺系統的例子當中，受體是視網膜上的棒狀體與錐狀體。棒狀體無法偵測色彩，但對光強度敏感。錐狀體則能偵測色彩以及傳達詳細且正確的影像。在視網膜上有四種神經元類型，各具特定功能。這些神經元會將訊息傳送到視神經，視神經則將訊息透過丘腦核心傳到視覺皮層。因此，感應器與受體在這個脈絡中是同義的。

11 生命與死亡：意識的細微層面

達賴喇嘛指出，死後經驗和禪修境界等現象，有不為神經科學所知的細微意識層面，可以用來挑戰西方神經科學的典範。

以科學哲學家湯瑪斯．孔恩（Thomas Kuhn）的術語來說，佛教與神經科學代表了兩種不同的「典範（*paradigm*）」。所謂的典範是指這門學科能用一整套的法則、方法與理論，組構出科學社群所能共同接納的最高指導原則。比如說，神經科學家的訓練就有它一套典範，佛教學者和修行者的訓練也自成一套理論體系，並且用禪修來探討神經科學也涵蓋到的領域：意識現象的各種風貌。

達賴喇嘛指出死後經驗和禪修境界等現象有不為神經科學所知的細微意識層面，可以用來挑戰西方神經科學的典範。常態科學（normal science，譯按：常態科學是指科學社群信守一套典範的研究規則與標準，而形成的共同見解）涉及到主流典範中的解謎活動（puzzle-solving，譯按：解謎活動是指科學社群要克服各種儀器的、觀念的和數學的障礙，才能解答常態科學問題的謎底）。這是因為在一定期間內，總是有一些典範無法適用的科學新發現冒出來，舊典範必須被揚棄，新典範必須取而代之。當達賴喇嘛承認西方科學資料有促進佛教典範轉移的可能

性時，也同時暗示了超越科學邊界的現象可以促進西方科學典範的轉移（這次討論也談到了這方面的某些議題，不過我們在下屆「睡眠、夢與死亡」的心性與生命會議中，才會比較有系統地探討這些議題）。

達賴喇嘛：

如果科學研究能用經驗證據來否證佛經中的某些陳述，那我們仍然頑固地抱持這些觀點的話，就不明智了。可是，你也不能因為經驗科學無法確認佛陀的主張，就輕易把它拋棄。反而，你在被迫放棄佛教觀點之前，至少要先找出經驗上能夠直接否證它的東西才對。傳統大乘的知識進路也會對這些宇宙論及其它方面的主張，進行批判性的檢視，並把它們和科學證據做比較，然後再看看這些佛教學者的主張是如字面上所說就可以了，還是要重新詮釋一番才行。當你提出佛陀教義可落入世俗諦和勝義諦兩個範疇時，你一定要以理性為優位，不能只依恃經典的權威。

法蘭西斯科・瓦瑞拉：

當然，是否有經驗證據能充分駁斥傳統觀點，很難加以評估。什麼東西才可被視為證據，以及它何時才會被接受，也說不定。佛教學者認可的證據未必會被神經科學家視為事實。兩邊都說他們手上握有證據，不過他們看到的世界當然是有所不同。舉個簡單例子，西方把內耳和平衡感視為一種感官，但古典佛教則否。可是，困難的是彼此不同的詮釋是怎麼來的？

達賴喇嘛：

那就是基本議題所在：心識和心—腦的關係。我認為意識有許多不同的細微層級，而科學僅只看到一般層級而已。科學既然沒有發現更細微的意識層級，就不足以反駁佛教這個關鍵性的論點。前面我也提過人類因為有肉體的關係，才會有一種完全依賴有機體組織的意識存在。我們顯然是把心靈意識的粗糙層次稱為人心，所以你可以說人類的心識是身體的浮現特質。但是人類的心識又是從哪裡變出來呢？一般來說，你可以用一股意識流的存在來回答。

法蘭西斯科・瓦瑞拉：

這正是西方神經科學家所不願做出的推論。他們認為這種推論是奠基於意識型態或宗教信念，並把它貶為毫無證據的東西。他們會追問你能拿什麼證據出來支持覺察力的存在？

達賴喇嘛：

佛教的立場也不是完全沒有證據。譬如說，第一個證據是有某些人憶起了他們的前世；第二個證據是有些人提昇了覺察力或開發了天眼通（clairvoyance）；第三個證據是有些人具有極度超凡的特性，甚至有人從嬰兒期就展現其特長了。關於整個宇宙，我們可以去追問銀河生生滅滅的原因為何。當然，科學家有他們一套大爆炸的理論。雖然如此，我認為宇宙還有一大堆神秘的現象尚待解釋。所以，從佛教的觀點來看，不管你是接受宇宙開端沒有原因，這個答案顯然不能令人滿意；或者接受神作為宇宙的原因，這也與佛教觀點相衝突。當然，佛教的解釋也不能完全令人滿意，因其內部仍有許多問題存在。科學是根據典範來解釋現象，而且這個典範不接受心性能獨立於腦而存在。那麼，此種典範是否能解釋所有類型的高峰體驗呢？這也是一個開放性的問題。

法蘭西斯科・瓦瑞拉：

是的，不過您也知道證據的每一部份都能在概念上重新建構。譬如說，西方常會把那些回憶前世的人送去精神科診所，並且診斷為妄想性精神分裂症（delusional schizophrenics）。沒有人會注意那檔子事，因為前世就是一個瘋狂的概念。若從佛教或其它神秘傳統來看，某些精神分裂者的言談似乎是出自智者的口中。所以你看，對宗教是證據的東西，對精神醫學來說反而是個疾病。

達賴喇嘛：

我認為真理有兩個層次，其中一個可成為大眾的共識，另一個則不依據共識來建立。無疑地，真理可能不被世間人所知，但它們仍然是真理，不是嗎？人們不必然會接受它們為真理。同樣的，某些真理只能被極少數的人了悟，因為他們已經親自直接證知某些事物。真理不需要讓所有人認識，才能成真。不過你的論點非常重要，為什麼某學門肯定異常體驗可作為證據，但其它學門卻被視之為謬誤，的確值得深究。

典範及其揭露的「事實」

法蘭西斯科・瓦瑞拉：

科學所信奉的真理模式限制非常多，這種真理極度仰賴共識。科學之美正在於有效率地經由實驗、出版品及會議等事物來形成共識，並依此來建構真理。但它的缺點就是無法容納其它的真理。

達賴喇嘛：

科學研究和其它研究類型（如宗教的探究）是在不同的參考領域中運作。譬如說，科學研究主要是在物理現象的測量架構中完成。你也可以把科學分成「硬科學」(hard science)與「軟科學」(soft science)兩個範疇。如果你在硬科學脈絡中提出這裡所講的（某種臨床）表述，會有什麼回應？

喬・卡巴金：不太好噢！（笑聲）

丹尼爾・布朗：是的，法王，即使是硬科學也有許多限制。當我研究禪修者時，有位其他宗派的行者向我提出一個非常有趣的問題：「你有一具測量覺察力的機器嗎？」我認為只要我們沒有技術去測量覺察力的話，我們可能就無法以科學來了解心性。這並不意謂著心性是不真實的或不存在的，而是意謂著我們沒有這種技術，硬科學必須認識到這個限制。

達賴喇嘛：所以，一直要等到我們實際上能確認覺察力的本性才行囉。這很難，它本身就是一個硬問題。

丹尼爾・高曼：我在想您所提的細微意識是否超越了科學的研究範圍。這裡有一群熱心的科學家，他們想多聽一點細微意識的意涵，看看它能不能用科學來加以研究。也許我們可以使用硬科學的方法，在心性是否存在的論戰當中，去建構你所提到的例子。

達賴喇嘛：

我個人是無話可說，因為我無法從深奧的禪修經驗中提出說明。但基於佛教的論述，我只能說細微意識的議題跟兩個潛在的研究領域有關聯：一個是針對睡夢狀態的人，一個是針對死亡過程的人。其它兩個值得研究的相關經驗類型是無夢的深層睡眠，以及昏沈的經驗。

意識的細微層面：藏密的觀點

亞當・英格：

有趣的一點是，如果你用禪修的心性境界來研究身體的話，你會先遇到能量系統，然後才碰到細胞及化學的層次。然而，如果你用顯微鏡或其它裝備的話，則你首先會觸及細胞及化學的層次。這或許可以解釋東方系統為何只描述了氣脈（註一），而西方科學則描述了細胞與化學的層次。

丹尼爾・布朗：

那些禪修者既然專精於能量流的察覺與轉化，他們也許對細胞系統會有一些獨到的意見？他們對身體變化的覺察範圍，最後會不會擴及到瓦瑞拉所描述的免疫系統的細胞變化情形呢？

達賴喇嘛：

無庸置疑的，熟練的瑜珈行者或冥想者能夠知覺到體內五種主要及次要的能量，甚至於看到這些能量的色彩。所以，他們原則上可以運用禪定（註二）來察知細胞層次的動態。

丹尼爾．布朗：

他們也能確認出化學變化嗎？

達賴喇嘛：

體內的明點（*bindhu*）（註三）是另一個議題，它們比較有實體上的意涵，而非只是能量而已，同時它們也能在瑜珈修練中確認其存在。

法蘭西斯科．瓦瑞拉：

如果瑜珈行者能確認細胞層次的動態，這就表示說我們也應該能觀察腦細胞的活動。在這種情況下，我們可勾勒出一個想像的「大腦圖景（cerebroscope）」。

達賴喇嘛：

有人會問佛教的禪修經典為何沒有細部描述過腦部及細胞的功能？這可能是因為它強

調的主要是在了知心性及其本質和工具，這包括了脈輪—氣脈（註四）—和明點，那就是心性的停泊處。

丹尼爾・高曼：你說瑜珈行者透過禪定可以了知這些事物，我很有興趣要知道這種了知的構造或器官為何？瑜珈行者若不以腦部為認知基礎，又如何能親自證知腦部的各種細節呢？

達賴喇嘛：佛教的陳述有提過腦部可作為覺識的基礎，但不是腦，而是覺識在認識事物。覺識了知很多事物，其中之一就是身體的細胞層次。

羅伯特・宗曼：那麼察知到腦部生理結構的覺識會是最細微的意識層次嗎？

禪修的成果——提昇感官覺察力

達賴喇嘛：禪修者就算到了密乘道的語遠離（isolation of speech）階段，仍然無法體驗到心性最細微的明光狀態，因為這個層次比較粗糙，不過還是可直接覺知能量及其相關色彩。

丹尼爾・高曼：但這種覺照的知覺不是獨立於一般的知覺模式（如視覺系統）之外嗎？

達賴喇嘛：對，它屬於心性層面。

丹尼爾・高曼：這是純然心性的，然後又完全不涉及腦部的運作嗎？

達賴喇嘛：這個議題很有趣。一方面，如同我前面所講的，腦部可作為這些不同心理覺察類型的支配性條件，就跟視覺機制是知覺的支配性條件一樣。不過，我也提到《時輪密續》有講禪觀發展過程中會生起一種新的感覺或認知機能。至於，這是物質的或非物質的？我們也不知道。

所以，這兩種不同的詮釋全看你是依據大乘顯教或金剛乘（註五）的脈絡而定。在大乘顯教的脈絡中，各種高階覺照力的類型是透過禪定的力量生起。它們純屬於心性的認知本性，而且這種詮釋只提到高階的視覺或聽覺的覺照力。就感覺器官和其對象的接觸而言，嗅覺、味覺與觸覺是非常不同的。在金剛乘的脈絡中，各種高階覺照力的類型是由普那納能量（*prana*）（註六）所引發。這些是物理上的原因，而不只是認知上的原因。密續的禪修系統因為是在耗用或操作細微能量及能量脈輪，才有可能培育出五種感官的高階覺照力，而不會僅限於視覺及聽覺而已。

丹尼爾・高曼：

如果你要求一位瑜珈行者來做這個實驗，並測量他的腦部情形，會不會有與此相關的特殊腦部變化呢？

達賴喇嘛：

會的。等你準備好測量裝置，我們就會帶瑜珈行者來。

丹尼爾・高曼：

成交！

丹尼爾・布朗：

總結來說，藏密採取了實用的觀點，跟李義雷所描述的威廉・詹姆士的實用主義（pragmatism）很相似。任何學科的重點都在於什麼是有用的或有益的。一個熟練的瑜珈行者能夠知覺到腦部與化學的活動雖然可信，但從眾生開悟的修行目標來看，這種知覺活動並不是最重要的事。所以持平來說，這也是為何此種知覺活動不被強調的原因？

達賴喇嘛：即使它在過去不重要，但現在就挺重要了。（笑聲）

羅伯特．佘曼：如果我們假設過去的瑜珈行者（包括佛陀這位最偉大的修行者）有把他們的體驗內容告知佛教的醫學傳統，那麼藏醫可能是經由選擇，而非無知，才不走西方醫學的細胞研究這條路。所以，要有豐富成果的話，我們應該問他們為何除了使用草藥之外，都不想在分子或細胞層次上面干預，而大部份選在能量的層次上運作。這也許能給我們一個教訓。

達賴喇嘛：我們可能要穿越時光回去問佛陀這個問題才行！但他們也可能因為細胞層次太淺了，才想到更深的層次。

法蘭西斯科・瓦瑞拉：

為何瑜珈行者會先碰到能量層次，這點實在令人費解。若從西方的觀點來看，細胞層次才是最直接碰到的東西。

達賴喇嘛：

這可能是因為佛教的密續文獻，把能量界定為意識或心理事件所憑藉的運輸工具。但你也可藉由能量深入到意識最細微的層次，而能遠離細胞活動的粗糙生理層次。

法蘭西斯科・瓦瑞拉：

有人建議說，把氣派的能量跟電磁能或其它能量相比，可能會犯了懷德海（Whitehead）所說的「誤置具體性的謬誤（the fallacy of misplaced concreteness）」（譯按：美國哲學家懷德海指出我們習慣以抽象的共相描述事物的實體，才會誤把靜態的抽象理念當成真實的世界。其實，真實的世界是事件變化的動態歷程。因此，我們不能以物質性的能量來描述心性的能量，免得產生錯誤的聯想）。

達賴喇嘛：

你只要了知及操縱過這些能量後，就能夠直接影響心理狀態的變化，此即瑜珈行者強調能量重要性的原因所在。更進一步來說，改變你的心理狀態也會同時影響你身體的生理狀態。不過，反之則不然。生理狀態的變化並不必然會影響你的心理狀態，更別想要影響到意識的細微層次。但是我們也不知道瑜珈行者是否有知覺到細胞的層次，若有的話，那他們為何不談這個呢？

生命與死亡的細微能量

喬・卡巴金：

法王，你之前問了一個令所有西方人感到驚訝的問題：當人死亡時，神經系統與免疫系統會發生什麼變化？我們正在討論一個第三類的系統，它是模仿固態物理學（solid state physics）的模型。這個模型不必然跟結構的現存特質相關，但它屬於不同的磁性次序。假定禪修者與藏密醫師的體驗有著直接的關聯，我現在想要問您說：死亡時細微能量系統的變化是否有任何意味存在？

達賴喇嘛：

你會發現到不同密續的陳述有些許不同，這或許是因為人的新陳代謝有所不同。死亡過程中，有人提到四大元素的瓦解：先是堅固性的地大元素，接著是水大，火大，而後是風大。人的知覺經驗可說是第一件消逝的東西——視覺並不完全消失，只是變得有點模糊。就外在的徵兆來看，身體皮膚變得有點緊繃。我預期在風大元素分解時，免疫系統和腦就會關機了。因為呼吸一旦停止，腦部旋即缺氧而亡。但在呼吸停止後，死亡的過程還有另外四個階段。所以，死亡並不與呼吸停止同時發生。

喬・卡巴金：

細微能量系統何時會被擊倒？從西方物理學的觀點來看，它沒理由會在死亡時停止。傳導系統應該在死亡後仍然有效能才對。

達賴喇嘛：

分解過程中有四種進一步的階段。這些是根據修行的視覺經驗而描述出來，在此期間仍有某些細微能量持續下去。然後這些到最後會逐漸分解，到第八階段〔譯按：藏密認為死亡過程有八個階段，前四個階段是構成身體的四大元素的分解過程，後四個階段則是微細意識能量的展現過程──白色景象心、紅色增上心、黑色近成就心和死亡淨光。〕結束時，最細微的能量已經不在身體當中呈現，它們並不是消滅光了，而是與身體分開。因為，身體對細微能量的繫縛一口被切斷，藏密的修行體系會用這種切斷法，來練習神識的遷移。

喬・卡巴金：

如果能量系統確實存在的話，就有可能研究人死後能量系統的情形。

達賴喇嘛：

在西方所謂的「死亡」之後，即使在一般人身上，這種微細能量的展現現象都會照常發生。像有位女士的遺體在死亡六天後，仍沒有絲毫腐敗的跡象。我們相信，當第八種心性狀態（譯按：藏密認為修行人可以停留在死亡淨光狀態，使身體腐敗過程減緩。）發生時，他們技術上來說是瀕臨死亡，並非已死了。臨床死亡時的腦部狀態與四大分解時的腦部狀態到底有何不同，我想這會是個有趣的研究課題。

丹尼爾・高曼：

也許腦並不是關鍵；真正該重視的很可能是與腦毫不相關的其它能量系統。

達賴喇嘛：

如果有能夠處理此議題的複雜設備，那就棒極了。剩下的唯一問題便是等待某位瑜珈行者往生。

羅伯特・余曼：

這算是救護車追逐戰的新定義喔！

喬・卡巴金：

我們能否回到情緒和李義雷所講的善惡對立之上，以了結這個發問的方向？這種死亡過程的延伸體驗——西方醫學會說此人已死亡，而西藏醫學會說此人瀕臨死亡——會不會是此人以德性抗衡負面情緒的功能？

達賴喇嘛：

安住於明光狀態的能力有兩種發生的情況可說。第一種情況很直接：此能力是透過瑜珈行者了悟的力量而生起；另一種情況就不同了，好像是牽涉到各色各樣的環境因素。而我們所能確知的是，這些人並非瑜珈行者（我對他們有某些了解），他們在其一生中並未體驗過最深層的明光形式。雖然如此，他們還是能停留在明光狀態約七至八天。在這樣子的案例中，這種能力可能跟德性，以及個人過去世累積的功德和福報有關。

喬・卡巴金：

這將能拓展我們對健康的觀念，也是一條跨越西方概念的路子。藏密有關人類修行的觀點，甚至比西方科學還要複雜，因為它包含了存有物的各類表達層次，而且這些是西方很難加以評價或認可的。如果我們有一個涵蓋密乘明光理念的完善觀點，也許就能看出西方專講個體整全性的健康觀念，有點把人類的生命實相化約得太簡略了。您能從這其中看出任何價值嗎？

達賴喇嘛：

這一定很有趣，並且需要更多進一步的研究。從佛教的觀點來看，能有越多的解釋與洞見，那就越好。

腦部活動與禪修狀態

達賴喇嘛：

過去有沒有研究是針對修習禪定或寂靜冥想者的腦部活動而發？

丹尼爾・高曼：

關於在專注一趣的安止狀態（one-pointed concentration）（譯按：此指佛教九住心中第八個禪定階段。）期間的腦部活動，至今還沒有非常好的研究。然而，在關於內觀禪的效果上，卻有一些不錯的研究。一般來說，研究者發現練習靜坐會有鎮靜生理狀態的效果，不但心率和呼吸率會下降，身體的新陳代謝也會下降。

丹尼爾・布朗：

從腦部活動的觀點來看，我們不知道禪定練習會對情緒發生什麼影響？因此，我曾讓學員口述其習禪的主觀感受，並設計一份問卷，以研究學員在禪修經驗前後，對相同問題會有何不同的反應。反應有明顯改變的地方很多，其中之一是注意力和覺照的技巧。學員發現他們的狀態雖然有許多內在變化，但他們仍然能維持覺照力的穩定度。其它明顯改變的地方則是人們發展出一種心靈歸位的彈性（flexibility）；當他們內心煩亂時，能夠更容易穩住亂竄的心念。我們發現此時情緒仍然不斷在滋生。學員也報告說情緒雖然很強烈，但仍能用覺照力穩住，而不致於起太多的情緒反應。我們大概是從兩個層次來研究學員的反應：一個是評價性思考的粗糙層次，如對事情發生的負面判斷；另一個則是厭離和攀緣的細微層次。他們在這兩個層次上都有些許反應，在他們的覺照下，感覺也仍然照常呈現，而且變得更強而有力。從西方觀點來看，受測對象都算是很專精的禪修者，但是還不到您在藏密傳統中所提到的禪修層級，畢竟你們都是密集實修很多年的人。我們不知道這些資深禪修者的情緒會發生什麼變化？

丹尼爾・高曼：

在其它有關修定的研究中，我們發現當人們非常努力專注一境時，腦會變得更加寧靜，反應也會減少。

達賴喇嘛：

那些相當遲鈍的人又是什麼樣的情形呢？我們是否有可能針對遲鈍者和聰明且內心專

一者的腦活動，做個對比性的研究呢？

克里夫・沙隆：

學界已經有研究過勝任某一任務的專家和新手的腦活動。實驗顯示新手的腦部耗用更多的能量；若以新陳代謝的術語來說，專家的腦部似乎很有操作的效率，並且可測出腦部所需的葡萄糖量。但整個腦活動的觀念仍是個非常複雜的議題，因為腦部的複雜網絡很巨量，而且神經組織也有不同的運作方式。

丹尼爾・高曼：

但是仍然可以找到一項通則：只要是訓練有素的腦部，不論它屬於禪匠或棋手，都可以耗用更少的能量，來得到更好的工作成果。

註釋：

註一：氣脈（*tsa*）是一種細微的內在能量通道，類似於針灸裏的經脈。氣或風（*lung*）則是指在這些通道中移動的能量。

註二：三摩地（*samadhi*）是一種無念頭干擾的專一禪定狀態。

註三：明點（*bindhu or thigle*）是指一種細微的內在能量本質，資深行者可察知其光域的大小及顏色。

註四：脈輪（chakras）是非常關鍵性的能量點，其部位相應於頭頂、喉部、心臟、肚臍及性器官。這些中心點皆被中脈所貫穿。

註五：藏傳佛教一般有兩種區分：經續（Sutra）與密續（Tantra），兩者皆以佛性為目標。經續走漸悟之路，用漸進的修行來淨化心地；密續則走頓悟之路，直接用心性的了悟來轉化凡夫的心理狀態。

註六：氣或風（prana or lung）是指和呼吸有關的微細內在能量。依據密續的說法，心靈的活動和這種微細的內在能量有關。

〈第六部〉

普遍的倫理學

A UNIVERSAL ETHIC

12 醫學與慈悲

人類的生命是建築在人類的感情上

慈悲和普遍責任(universal responsibility)這兩項原則要如何才能適合當代文化的架構?達賴喇嘛對於慈悲、人性和倫理學做了廣泛的探索，並且以所有人都追求幸福的觀念為基礎，倡導一種普遍責任感。如果我們能體會到其他所有人都有同樣避苦求樂的願望，那麼我們就能對他人有更大的容忍力和接受度。達賴喇嘛進而總結說人類的合作是最根本的事情。不管你個人的角色是政治家、科學家、工業家、勞工或修行人，最重要的是看到這些角色和責任之間的相互依存性，以及彼此合作的需要。雖然在人類事件的進程中，誤解扮演了一個有力的角色，不過合作還是最主要的角色，少了它社會就不能運作。

達賴喇嘛建議說慈悲是人性先天本有的根性，這可從親子的關愛之情、陌生人停下來幫助迷路的車主、鄰居在小店或郵局中友善的閒聊等事項中看出來。所以，達賴喇嘛總結說慈悲是人類生活的自然狀態。不過，它仍然需要細心培育，不能視為理所當然。兒童教育也必須包含倫理訓練，他們長大後才能對社會和人性整體有所貢獻。

達賴喇嘛：

我們之前提過這星球上有五億人口（只有非常少數的人以宗教信仰作為生活的倫理基礎）。我的主要關懷是想提昇人類的真誠人性品質，因為這是最有效的方法，不需任何宗教議程。宗教是個私人企業（private business），不是嗎？這就是為何我們的道德原則和倫理學若是跟宗教有太緊密的關聯，就會產生一連串的問題。我們都同意人類需要接受某些道德原則和倫理學。問題是如何推廣出去呢？如果它們跟宗教有關聯，那麼要推廣勢必要推廣宗教。接著，問題就變成推廣哪種宗教？然後，就有一大堆複雜的事情。如果宗教能變成自己的事業，就跟自己衣服的顏色一樣，事情就會好多了。畢竟它是你自己的選擇，你自己的事業！

李義雷：

我在意識浮現過程和慈悲的可能性之中，發現一些令人非常驚訝的事情，因此我覺得只稱它為自然的，還不足以充分描述它的實況。這有部份是宗教的感性。我不確定您「宗教的」一詞所指為何，但我認為人類應該彼此互助或人類能夠表達及超越自身是不自然的事。那就是我所謂宗教的部份意涵；因此我很厭惡把「宗教的」一詞變成皈依特定宗教者的唯一品質。因為，我認為我們在了解人性本有事物上，遺漏了一件很重要的事情。

培育慈悲

丹尼爾・高曼：

法王，喬曾提過醫學教育已經忘懷慈悲和同情的精神，雖然我們是如此迫切地需要它們。我們之中有些人想重新設計一套醫學訓練課程，以使內容涵蓋對他人的慈悲和同情。我們很有興趣想聽您說一下何種取向對此課程有較大的助益。

達賴喇嘛：

在佛教，醫學與技術、邏輯、語言學和聲韻學、內在知識或靈修合稱為五種關懷他人的知識領域（譯按：此即佛教所傳授的五明，計有醫方明、工巧明、因明、聲明和內明。）有個俗諺說，治療的神效不是靠醫師的專業技能，而是靠醫師的利他主義和慈悲心。我聽過有人說某位仁兄是位偉大的醫師，他的知識和專業技能很強，可是人品卻有點問題。當然，病人總是會抱怨的，不是嗎？

喬・卡巴金：

西方的情況也一樣。

達賴喇嘛：

慈悲心和利他主義是需要你從內在資源自然引出的性質。它們也非常依賴環境的因素。它一定有助於你想到第一步要如何踏出去，就如你在麻大醫學院所做的一樣。那麼，如果有其他人也踏出類似的第一步，這種作法就能穩固下來，它就能有更大的影響。這也引出一個非常重要的問題：人要採取何種生活外觀或生活態度呢？最重要的因素是讓小孩從小就接受慈悲、慈愛、利他主義等價值。如果可能的話，這些也該納入醫學院的教育課程。

喬・卡巴金：

我喜歡您所說的一點，那就是其他人在各個機構中要負起落實這個的責任。美國有許多人已經禪修一段時間了，其中有一些人想把禪修應用在正常的生活。可是，美國卻沒這方面該如何做的模式。例如每一次在學校介紹禪修時，它都仍然是全新的東西。其實，它也能以許多不重技巧的方式完成，特別是在生活態度的應用方面。您可以鼓勵這些人在其工作場所中往這種方向去謀求更創意的推廣方式嗎？

達賴喇嘛：

你不必一定要有前例可循嘛，只要你去探索和實驗，一路走下來自能創造出你自己的典範。

丹尼爾・高曼：

法王，您說過完成這點的某一方式是要創造一個慈悲的環境。這換做在醫學院中，所指的是什麼？有什麼特定的有技巧的態度和技術，可以介紹給醫學生？

慈悲是生活的自然部份

達賴喇嘛：

我認為人類的情感是人性的基礎，沒有這基礎，你不能得到個人的快樂或滿足；沒這個基礎，整個人類社群也得不到滿足。在我平日的思維中，我一直把整個環境和社群都納入考量範圍。技術員、科學家、醫師、律師、政治家，甚至軍人和宗教家，都是人類社群之一。所以，基本上都是人類，每個人的職業本質上又是為了人性而存在，不是嗎？既然是要為人性服務，所以這些各類活動就是由我們為社群做事的動機開始。至少，人會為了自己家庭利益著想吧！即使是家庭這個有限的社群，也是有利他主義作根底。所有這些不同的人類活動都是由這個動機開始，都是為了人性。因此，基本的人類條件或人類品質就是人類的情感。那是關鍵性的事情，不是嗎？

人性的品質是有可能發展或提昇的，因為我相信人性基本上是慈悲的。當然，我之前也提過憤怒、瞋恨和所有負面情緒也是人心的一部份。可是，人心的支配力量還是慈悲嘛。

我想**當男女因為真愛而在一起時，慈悲的概念就產生了。那表示他們相互尊重，相互關懷，共同分擔責任**。這可不是我們之前討論的那種非因真愛而性交的情況，這些案例真的是瘋狂之愛。我認為這裡有追求性快感的瘋狂欲望，而且會發展出很多負面的東西。但是根據自然法則而來的正當性愛，我認為有包含一些責任感，人類下一代的生命也才能因而開展。那麼，在母親懷胎十月之中，母親的心理狀態對兒童發展有很強的影響。特別是在出生幾個禮拜時，科學家就指出母親的生理觸摸是嬰兒健全發展的最重要因素。

我一直告訴人們，**母親才是慈悲和人類情感的真正老師**。因此，我不認為慈悲是宗教獨有的東西。它是我們共同分享的基本人類天性。我認為母奶就是慈悲的象徵。沒有母奶，我們就無法生存，所以，**我們嬰兒時第一個舉動就是吸母奶，享受一種與母親之間共生的親密感**。在那個時候，我們也許不知道如何去表達愛和慈悲，不過卻有一種很強的親密感。母親那邊也是一樣，如果沒有對嬰兒這麼強的親密感，她的母奶可能就分泌不出來了。所以，我認為母奶是慈悲和人類情感的象徵。

我們已經討論過疾病如何受到心理狀態和醫病關係的影響。在我看醫生的經驗中，醫生的微笑非常有意義。一位醫生縱使很棒很專業，但是若沒微笑掛在嘴邊的話，我有時候會感到有點不舒服。(笑聲) 如果醫生有真誠的微笑和嚴正的關懷時，我就會感到很安全，這也會產生一定的效益。那就是人性，不是嗎？那麼，我們生命最後一天時，不管你有沒有朋友在，實際上應該是毫無相關的，因為你馬上就要離開你的好朋友們。雖然如此，你若是有信得過的人陪伴時，你在那個瞬間就會感到平靜和安全。

因此，我認為**人類的生命是建築在人類情感上**。就如我一開始所說，我的主要關懷是不用訴諸宗教系統來解釋基本人性。你們這些科學家現在正給我更多辯護自己主張的彈藥！以現代的經濟情況、環境和人口來說，這些事情都強烈提醒我們要做個好人類才行；我們應該更加合作地來努力做事。在最近幾天，我們也談到很多細胞的事情。其實，每個人也都是一個細胞，不是嗎？這星球就像人體一般，我們每個人就是其中的小細胞。有時候，有些細胞就會作怪！但其它細胞會幫忙救這個身體。這就是生命的實相，不是形而上的議題。因此，沒有合作，個人的身體就沒有支撐，不能健健康康，也無法生存。

科學的進展和發現非常仰賴一些經濟、政治、社會和其它的因素。因此，科學領域的立場是無法獨立自主的，我覺得事情的確是如此。**當西方的事業人員變成專家時，他們的興趣領域就變得很小。如果你只在一個有限定的主題領域中打滾，那一定會出問題。有時候這也會具有一種毀滅性，因為你看不到這跟更大利益之間的關聯或負面結果**。比如說中子彈的發明，是為了只殺死敵方的人，卻不摧毀其房子等硬體建築。等戰爭結束時，其他人就可搬到這些房子來居住。反之，其它武器是連人帶屋一起摧毀，人們要重建家園的話，就得付出更多勞力。從這觀點來看，中子彈是「比較好」，但是我們若能生產只殺死將軍或政客的武器，而不會傷及無辜的士兵，那就更好了。(笑聲) 我想，那是最好的武器，不必顧慮會傷害無辜的人們，而能直取戰爭始作俑者的性命。

所以你若只從這個角度來看，這些可怕的毀滅性武力是項偉大的成就，但因為它們以後會帶給我們災害，惹出更多的痛苦和苦難，所以我們又將之歸納為負面的東西。所以說，這又再度地與人類的基本感受有很大的關係。

以上這些就是我的信念。不管你是科學家、修行人、社工員、或極端無神論者，每一個人都是人類社群的一員。每一個人都有責任去關懷整個社群。這不只是宗教信條而已，也攸關你的自我利益。我們不是為了上帝、佛陀、或其它星球，而是為了自己所住的地球這樣做。這是我們自身的利益。人有這種觀點和瞭解是最重要的事。我不知道這點要如何應用到醫學領域上。基本上，那是整個系統和結構。

有時候，我會跟人講下面這個例子：手掌上的各個手指都是有用的。即使是只剩一根手指還是有用處，可是沒有手掌的話，不管你手指多有力量，都陷在孤立之中，無法作用。**不管是醫學領域、宗教領域還是科學領域，只要它們跟基本人性的主題沒有產生關聯，每一個領域都沒有用處，甚至有毀滅性**。所以，我說這些一定要跟我們基本的人類情感產生關聯；那麼所有這些不同的人類活動就變成有建設性了，不是嗎？

附錄：心性和生命機構

亞當・英格（R. Adam Engle）／**法蘭西斯科・瓦瑞拉**（Francisco J. Varela）

法王和西方科學家之所以能多次鎖定「心性與生命」這個主題，來進行一系列的對談，是因為幕後有兩位功臣的通力合作，其中一位是北美企業家亞當・英格，另一位是在巴黎發展的智利裔神經科學家法藍西斯科・瓦瑞拉。他們兩個人在一九八四年時雖然彼此都不認識，可是已經各自在主動籌劃一系列跨文化的會議，並打算敦請達賴喇嘛出席，以與西方科學家進行為期多日的雙邊會談。

英格在一九七四年皈依佛教後，就察覺到法王對科學抱有長期浸淫的志向和十分敏銳的興趣，也發現他既想深化自己對西方科學的了解，也想把他對東方禪修科學的了悟跟西方人分享。瓦瑞拉也是在一九七四年皈依佛教，並在一九八三年的國際會議中遇見法王，他那時是在研討意識現象的阿法貝克研討會（Alpbach Symposia）上客串一場演說。他們的溝通很直接了當，這就促成他們倆在未來幾年私下進行一連串非正式討論。

在一九八四年的秋季，英格和邁可・索特曼（Michael Sautman）在洛杉磯碰到法王的弟弟丹增・措嘉（Tendzen Choegyal），便向他說假如法王同意參與的話，他們將會舉辦一個長達一星期的跨文化科學會議。這位仁波切樂意將此事轉達給法王，並在幾天之內答覆說：法王非常願意來跟科學家討論事情，且把會議的組織事宜授權給英格和索特曼。

同時間，瓦瑞拉博士也在蘊釀他的會議計畫。然後，他們的共同朋友也是歐傑基金會（Ojai Foundation）主任的喬安・海里發（Joan Halifax）博士便提議說，也許英格、索特曼和瓦瑞拉應該匯聚他們彼此互補的技巧和能力，以便好好組織會議籌辦的流程。於是，這四位仁兄便在一九八五年的十月齊聚在歐傑基金會，商量日後聯合進行的事宜。他們決定把會議焦點放在處理心性和生命的科學學門之上，因為它們是科學和佛教傳統之間最可能得到豐碩成果的介面。於是，「心性與生命」就變成第一屆會議的名稱，最後也成為機構的名稱。

英格、瓦瑞拉和法王的私人辦公室花了兩年的籌畫時間，終於在一九八七年十月於印度的達蘭薩拉舉行第一次會議。我們在這段時間中密切合作，以找出有利會議進行的結構事項。英格擔任一般事務協調人，主要是負責基金籌措、與法王和其辦公室的關係，以及這個計畫案的其它一般事務。而法蘭西斯科則是科學事務協調人，主要是負責科學內容、科學家的邀請和會議文獻的編輯。

由於這種一般協調人和科學協調人的責任分工方式運作良好，因此所有以後的會議也都如此照辦。到目前為止，英格已連任五屆心性與生命會議的一般事務協調人，瓦瑞拉雖然沒有把每屆的科學事務協調人全包下來，不過他一直保有主導力量，也是英格最親密的合作伙伴。

關於這一系列會議的獨特性，有句話必須說明一下。對工程師而言，要在佛教和現代生命科學（尤其是神經科學）之間建立一座橋樑，是出了名的困難。瓦瑞拉是在幫助那洛巴機構（Naropa Institute）建立一套科學計畫時，第一次嚐到這種滋味，這個自由的藝術機構是由西藏禪修大師秋揚・創巴（Chögyam Trungpa）仁波切所創辦。這個計畫在一九七九年獲得史隆基金會的補助金，開辦了第一次這種類型的會議──「對認知的比較研究取向：西方和佛教」。大約有二十五位從美國主要機構來的教授齊聚在一堂，他們來自各種不同學門：主流哲學、認知科學（神經科學、實驗心理學、語言學、人工智能）和佛學。在組織一個跨文化對話所需要的關照和技巧方面，這次會議確實給他上了艱辛的一課。

因此，他在一九八七年時，為了避免重犯那洛巴會議的缺失，就制訂了一些運作的原則，果然這次就把心性與生命的會議系列辦得很成功。也許這裡面最重要的一條原則就是不再單靠學術名望來挑選科學家，還要再考量他們的學術潛力和開放心態。他們如果對佛教有點熟是滿有幫助的，但這不是本質上必要的，只要他們能對東方的禪修科學，表示出健康的尊重態度就好了。

其次，整個議程也做了一番調整，以確定在會話中有多少科學背景是需要補充給法王知道。為了確保與會人員都有充分的參與感，我們把早上的課堂都排定給西方科學家做演講用。這樣一來，法王便能對此知識領域的基本基礎，有個扼要的理解。而且，早上的演講是建立在寬廣的、主流的、無黨派的和科學的觀點之上，下午的課堂則是只用來討論早上的演講內容。在這個討論課中，早上的演講者如果跟一般人接受的觀點有不同意見的話，也可陳述他的個人偏好和判斷。

會議期間的翻譯問題也是一項很重大的挑戰，因為你不可能找到一位同時精通英語和科學的西藏人。為了克服這項挑戰，我們就成立了一組由兩位翻譯員組成的團隊，一位是西藏人，一位是有科學背景的西方人，並把他們的座位放在一起，以利其迅速釐清各種用詞問題。圖典・金巴這位西藏喇嘛之前在甘丹夏茲寺攻讀格西學位，現在則就讀於劍橋大學；亞倫・華勒斯曾經出家當過西藏喇嘛，得過麻大物理學士以及史丹福大學宗教學博士，他從第一屆會議就一直擔任翻譯至今。在第四屆心性和生命會議時，亞倫・華勒斯沒空，就換成喬瑟・卡貝松（José Cabezon）博士。

最後一項使會議成功的運作法則是完全私下進行：沒有媒體報導，沒有電視攝影機，只有少數擔任觀察員的賓客。這種輕鬆、自發的討論氣氛在西方根本辦不起來，因為達賴喇嘛是位知名的公眾人物。心性和生命機構為了建立檔案和轉錄的目的，便保有會議的錄音帶和錄影帶，但實際的會議在進行時仍然不受干擾，以便促進討論的自由探索空間。

第一屆心性與生命對話的議程從認知科學那兒引進不同的特別議題，如科學方法、神經生物學、認知心理學、人工智能、腦部發展和演化。與會人員有物理學和科學哲學領域的傑洛米·海華（Jeremy Hayward），神經科學和醫學領域的羅伯特·李文斯敦，認知科學領域的依蓮娜·羅許（Eleonor Rosch），資訊科學領域的紐康·格林理夫（Newcomb Greenleaf），神經科學和生物學領域的法藍西斯科·瓦瑞拉。

這次會議辦得非常成功，法王和與會人員都很心滿意足，因為他們有真誠的心意交流體驗，也得到一些實質的進展。因此，達賴喇嘛鼓勵我們每兩年籌辦一場對話，這個要求讓我們倍感光榮。第一屆心性與生命會議的內容被轉錄、編輯和印行為《善意的橋樑：與達賴喇嘛對談心智科學》（波士頓：香巴拉出版社，1993）。這本書已譯為法文、西班牙文、德文、日文和中文（譯按：本書在台由眾生出版社印行為《揭開心智的奧秘》）。

第二屆心性與生命會議則是在一九八九年十月於加州新港舉行，由羅伯特·李文斯敦擔任科學事務協調人，會議只舉行兩天，焦點是特別放在神經科學上。與會人員有科學哲學領域的派屈克·丘期郎（Patricia S. Churchland），研究睡眠和作夢的亞倫·霍布森（J. Allan Hobson），研究記憶的拉利·史逵爾（Larry Squire），神經科學領域的安東尼·達瑪西歐（Antonio Damasio），研究心理健康的路易斯·賈德（Lewis Judd）。這次會議有件特別值得紀念的事，那就是法王在會議第一天就獲得諾貝爾和平獎的提名。

第三屆心性與生命會議則是在一九九〇年回到達蘭薩拉舉行。亞當·英格和天津·格喜·德松（Tenzin Geyche Tethong）依據前兩次的籌辦經驗，都認為會議還是回印度辦，會有比較好的成效。此次會議由丹尼爾・高曼（心理學）擔任科學協調人，會議主題則聚焦在情緒與健康的關係。與會人員有實驗心理學領域的丹尼爾・布朗；醫學領域的喬・卡巴金；哲學領域的李義雷；神經科學領域的克里夫・沙朗；神經科學和免疫學領域的法藍西斯科・瓦瑞拉。這次會議的內容就結集在本書之中。

在第三屆心性與生命會議期間，有一個新的探索領域在會議的原本架構之外浮現，不過它也算是一種自然的延伸：克里夫・沙朗、里察・戴維森、法藍西斯科・瓦瑞拉和葛瑞果・辛普森開始計畫去研究禪修對長期修行者的效應。這個理念之所以能實現，一方面是建立在與達蘭薩拉西藏社群之間的善意和信任，一方面也是法王對此研究的投入意願頗高。然後，我們就決定要創建一個心性與生命的網路，以聯絡其他對東方禪修經驗與西方科學相關主題有興趣的科學家。我們用一筆從賀薛（Hershey）家族基金募來的種子基金，創立了一個名叫心性與生命機構的非營利組織，並從一開始就交由英格來領導。費特澤機構（Fetzer Institude）贊助了我們兩年網路運作和研究計畫第一階段的經費。在一九九四年時，我們才提交一份發展報告給費特澤基金會；整個工作進度一方面在持續發表許多研究計畫的結果，一方面則繼續研究注意力和情緒反應等相關側面。

第四屆心性與生命會議則是在一九九二年十月於達蘭薩拉舉行，由法藍西斯科・瓦瑞拉再度擔綱科學事務協調人，對話主題則是「睡眠、夢與死亡」。與會人員有哲學領域的查理斯・泰勒（Charles Taylor）；研究清明作夢心理學的潔妮・給肯貝（Jayne Gackenbach）；研究人類學和死亡學的喬安・海里發（Joan Halifax）；精神分析領域的喬伊斯・麥道格

(Joyce McDougal)。此次會議記錄後來結集為《睡眠、夢與死亡》(波士頓：智慧出版社，1997)，編輯是法藍西斯科・瓦瑞拉。

第五屆心性與生命會議則是在一九九四年十月於達蘭薩拉舉行，由里察・戴維森擔任科學事務協調人，對話主題則是「利他主義、倫理學和慈悲」。與會人員有哲學領域的艾略特・梭柏 (Elliott Sober)；研究兒童發展的南茜・艾森柏格 (Nancy Eisenberg)；研究經濟學中利他主義的羅柏特・法藍克 (Robert Frank)；科學史領域的安妮・哈靈頓 (Anne Harrington)；研究心理學和團體行為的艾溫・史脫普 (Ervin Staub)。此次會議記錄還在預備付印中。

第六屆心性與生命會議計畫在一九九七年十月再次於達蘭薩拉舉行，由亞瑟・扎仲克 (Arthur Zajonc) 擔任科學事務協調人，亞當・英格再次擔任一般事務協調人，對話主題則是首次由生物科學轉到物理學和宇宙論。

本機構在這些年來受到許多個人和組織的慷慨支持。賀薛家族基金會的巴瑞和柯尼 (Barry and Connie Hershey) 在一九九〇年加入我們的支持團體，並成為本機構最忠實和最穩定的伙伴。他們的支持不僅使這些會議成為可能，也帶給本機構一股生命力。我們這些年來也收到各方的慷慨捐助，如費特澤機構、納薩・康寧基金會 (Nathan Cummings Foundation)、布藍科・魏斯 (Branco Weiss) 先生、亞當・英格、邁可・索特曼、湯瑪斯・樓師科 (Thomas Northcote) 夫婦、克里斯汀・奧斯丁 (Christine Austin) 太太和丹尼斯・波曼 (Dennis Perlman) 先生。我們謹代表法王和所有其他與會者，至誠向這些個人和團體致謝。您的慷慨捐助已經對許多人的生活造成深遠的影響。

我們也要謝謝一些從旁輔助的人，有了他們，這些年來本機構的工作才能順利成功。而且，其中有一些人是從一開始就下海幫助本機構，我們真的是很感激他們的參與。我們也要謝謝和感激法王達賴喇嘛、天津・格喜・德松和其他私人辦公室的成員、丹增・措嘉、律全・康卓（Rinchen Khandro）和喀什米爾屋的職員、所有科學家、科學事務協調人以及翻譯員、美國的瑪自達・特瑞福（Maazda Travel）、印度的中道・特瑞福（Middle Path Travel）、裴硫虛（Pier Luigi Luisi）、伊蓮・傑克森（Elaine Jackson）、克里夫・沙朗、查拉・浩斯曼（Zara Houshmand）、亞倫・凱利（Alan Kelly）、彼得・傑普森（Peter Jepson）、佩特・艾羅（Pat Aeilo）、蘇騰・秋卓（Thubten Chodron）和羅拉・戚騰（Laurel Chiten）、香巴拉出版社和智慧出版社。

心性與生命機構創辦於一九九〇年，全靠公共慈善捐助來支持心性與生命的對話系列，以及提昇跨文化的科學研究和瞭解。

內文簡介：

本書收錄EQ作者丹尼爾・高曼等十位西方傑出學者，與達賴喇嘛在達蘭薩拉(Dharamsala)，會商第三次「心性和生命會議」的紀錄，會中討論心性和生命科學如何與宗教建立溝通的橋樑。

這些心理學家、生理學家、行為醫學和哲學領域的專家，分別陳述他們研究領域的重大發現，並與達賴喇嘛及一些傑出禪修師一同討論。書中為我們解答了下列問題：

心性有治療身體的能力嗎？
免疫系統和情緒之間的關聯為何？
倫理學是否有生物學的基礎？
死亡如何幫助我們了解心性的本性？

他們相互分享知識成果的目的不僅是為了增進彼此的瞭解，也是想對情緒體驗和健康之間的關係，得到一些新的洞察。

西方生理學家、生物學家和心理學家只有在近二十年來，才摸清情緒狀態和身心健康的相互影響關係。可是，佛教思想家早在兩千年前就已經覺察到心性擁有強大的治療能力。這次會議能夠請到西藏佛教的最高領袖出席，等於是促成了東西思想的交流和整合。

主編：

丹尼爾・高曼(Daniel Goleman)

丹尼爾・高曼博士為〈紐約時報〉撰寫行為科學的專欄，他的文章已經獲得兩次普立茲獎（Pulitzer Prize）的提名。他也寫了不少書，其中有《EQ》和《冥想的心性狀態》（*The Meditative Mind*）。

譯者：

李孟浩

東海大學哲學研究所碩士，曾任《東風雜誌》主編，現從事翻譯與寫作，並與中區五位精神科醫師合組《蜉蝣論壇》半月刊讀書會，網址是http://／www.nsysu.edu.tw／health／drpan／forum／。

校對：

朱梅

文化大學畢業。

國家圖書館出版品預行編目(CIP) 資料

情緒療癒：與達賴喇嘛對談正念、情緒與健康/丹尼爾・高曼(Daniel Goleman)主編；李孟浩譯 -- 二版 -- 新北市新店區：立緒文化事業有限公司, 民112.03
面； 公分. --（新世紀叢書；36）
譯自：Healing emotions : conversations with the Dalai Lama on mindfulness, emotions, and health

ISBN 978-986-360-207-1(平裝)

1. 佛教心理學 2. 情緒商數

220.14 112002402

情緒療癒：與達賴喇嘛對談正念、情緒與健康（2023 年版）

Healing Emotions: Conversations with the Dalai Lama on Mindfulness, Emotions, and Health

出版——立緒文化事業有限公司（於中華民國 84 年元月由郝碧蓮、鍾惠民創辦）
主編——丹尼爾・高曼（Daniel Goleman）
譯者——李孟浩

發行人——郝碧蓮
顧問——鍾惠民

地址——新北市新店區中央六街 62 號 1 樓
電話——(02) 2219-2173
傳真——(02) 2219-4998
E-mail Address —— service@ncp.com.tw
劃撥帳號——1839142-0 號 立緒文化事業有限公司帳戶
行政院新聞局局版臺業字第 6426 號

總經銷——大和書報圖書股份有限公司
電話——(02) 8990-2588
傳真——(02) 2290-1658
地址——新北市新莊區五工五路 2 號
排版——伊甸電腦排版有限公司
印刷——尖端數位印刷股份有限公司

法律顧問——敦旭法律事務所吳展旭律師

分類號碼——220.14
ISBN —— 978-986-360-207-1
出版日期——中華民國 87 年 7 月～102 年 3 月初版 一～八刷（1～9,500）
中華民國 112 年 3 月二版 一刷（1～800）

HEALING EMOTIONS edited by Daniel Goleman, Ph.D.

定價◎ 360 元（平裝）

大都文化 閱讀卡

姓　名：

地　址：□□□

電　話：(　　)　　　　傳真：(　　)

E-mail:

您購買的書名：____________________

購書書店：__________市（縣）__________書店

■您習慣以何種方式購書？

□逛書店 □劃撥郵購 □電話訂購 □傳真訂購 □銷售人員推薦
□團體訂購 □網路訂購 □讀書會 □演講活動 □其他__________

■您從何處得知本書消息？

□書店 □報章雜誌 □廣播節目 □電視節目 □銷售人員推薦
□師友介紹 □廣告信函 □書訊 □網路 □其他__________

■您的基本資料：

性別：□男 □女　婚姻：□已婚 □未婚　年齡：民國______年次
職業：□製造業 □銷售業 □金融業 □資訊業 □學生
□大眾傳播 □自由業 □服務業 □軍警 □公 □教 □家管
□其他__________
教育程度：□高中以下 □專科 □大學 □研究所及以上
建議事項：

愛戀智慧 閱讀大師

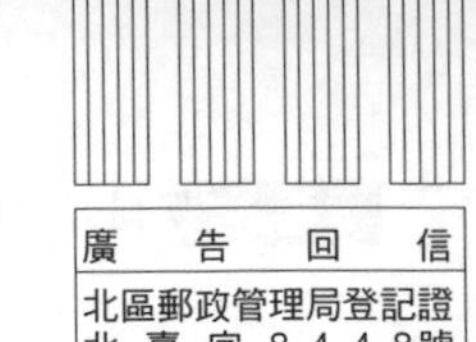

立緒文化事業有限公司　收

新北市 2 3 1

新店區中央六街62號一樓

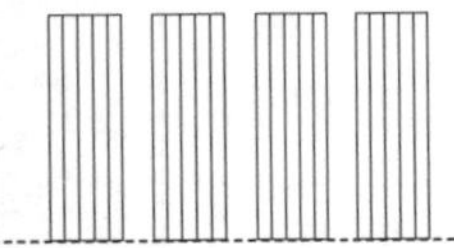

請沿虛線摺下裝訂，謝謝！

感謝您購買立緒文化的書籍

為提供讀者更好的服務，現在填妥各項資訊，寄回閱讀卡（免貼郵票），或者歡迎上網http://www.facebook.com/ncp231即可收到最新書訊及不定期優惠訊息。